出版说明

高等职业教育是我国高等教育体系的重要组成部分。大力发展高等职业教育，培养大量的高等技术应用型人才，是实现高等教育大众化目标的必然选择。而要实现这一根本任务，迫切需要解决的问题之一就是教材问题。

为满足教学需要，近年来东北财经大学出版社投入了大量资源开发财经类及相关专业高职教材，取得了阶段性的成果，在相关领域积累了丰富的经验，并经过多年的市场检验，树立了一定的市场认可度和品牌影响力。"21世纪高职高专精品教材·投资与理财专业"就是我社在此基础上开发的更为完善、更加实用的新型教材。

本系列教材是为了满足投资与理财等相关专业不断增长的教学需求，从财政金融大类的套系中剥离细分出来的，目前已开发了多个品种，并已陆续更新，主要包括《期货投资实务》《商业银行经营管理》《证券投资基金》《公司理财实务》《货币银行学》《保险实务》《筹资实务》《个人理财实务》等。

本系列教材具有如下特点：

1. 本系列教材力求贯彻落实国家教育部关于"十二五"高职教材建设的要求，以就业为导向，以培养高端技能型人才为目标，在内容选择和体系安排上，理论知识"适度、够用"，并将学历教育与职业资格认证考试相结合，结构合理，既能为学生的专业学习打下坚实的基础，又能满足其将来从事相关岗位和个人发展的基本要求。

2. 本系列教材的作者均从教学一线严格遴选，既具有较高的学术水平，又具有丰富的教学和实践经验，从而保证了教材能够紧跟投资与理财专业领域的最新发展情况，及时修订、完善，且定位准确，内容丰富，实训到位，具有很强的科学性、实用性和指导性。

3. 本系列教材均配有电子课件、配套习题及参考答案等丰富的网络教学资源，以方便教学使用，改善教学效果。

高等职业教育的发展日新月异，这就需要教材与时俱进，不断改革和创新。东北财经大学出版社作为一家专业性、开放式、国际化的财经教育出版机构，一直致力于教材的改革和创新，与时俱进地不断推出具有我国高等职业教育特色的新型教材。期待广大专家、学者和读者朋友们继续给我们以宝贵的意见和支持，使本系列教材通过修订不断完善，并与我国高等职业教育的改革和发展始终保持同步。

东北财经大学出版社

编　委　会

编委会主任

周巧红（**全国金融职业教育教学指导委员会委员**）

编委会成员（按拼音排序）

白广申　方晓雄　李　春　刘大赵　楼土明　孙迎春
曾冬白　张勋阁

省级精品课教材

21世纪高职高专精品教材·投资与理财专业

期货投资

QiHuo TouZi ShiWu

投资

实务

（第三版）

方晓雄◎主　编

周瀚醇◎副主编

东北财经大学出版社

Dongbei University of Finance & Economics Press

大连

图书在版编目（CIP）数据

期货投资实务／方晓雄主编．—3 版．—大连：东北财经大学出
版社，2015.2（2017.2 重印）
（21世纪高职高专精品教材·投资与理财专业）
ISBN 978-7-5654-1851-8

Ⅰ．期…　Ⅱ．方…　Ⅲ．期货交易-高等职业教育-教材
Ⅳ. F830.9

中国版本图书馆 CIP 数据核字（2015）第 023886 号

东北财经大学出版社出版
（大连市黑石礁尖山街 217 号　邮政编码　116025）
教学支持：（0411）84710309
营销部：（0411）84710711
总编室：（0411）84710523
网　　址：http：//www.dufep.cn
读者信箱：dufep@dufe.edu.cn

大连理工印刷有限公司印刷　　　　东北财经大学出版社发行

幅面尺寸：185mm×260mm　　　字数：227 千字　　　印张：10.25
2015 年 2 月第 3 版　　　　　　　　　　　　2017 年 2 月第 9 次印刷

责任编辑：李丽娟　　　　　　　　　　责任校对：齐　心
封面设计：冀贵收　　　　　　　　　　版式设计：钟福建

定价：22.00 元

第三版前言

随着我国国民经济的快速稳健发展，期货市场的作用愈加凸显。近年来，一大批新的商品期货合约陆续上市，特别是利率期货上市、原油期货获批，使得我国期货市场的品种更加丰富，同时国家也加大了对期货市场的监管力度，监管规则更加完善。因此，为了及时反映我国期货市场发展现状，我们对本书进行了重新修订。

修订后的教材在保持前两版简单、实用特点的基础上，充分体现了我国期货市场出现的新情况、新变化。

本书由安徽财贸职业学院方晓雄提出修订提纲，并对全书进行了修改总纂。其中，方晓雄修订了第 1、2、3、4、7、8、9 章，安徽工商职业学院周瀚醇修订了第 5、6 章。

本书也是安徽省教育厅省级精品资源共享课"期货投资"的阶段性成果。

本书在编写过程中，参阅了许多专家、学者的著作和研究成果，特别是上海期货交易所、大连商品交易所、郑州商品交易所和中国金融期货交易所网站的公开信息和相关论文，在此一并表示诚挚的谢意。

由于编者水平有限，加之时间仓促，本书难免有疏漏或不当之处，恳请各位专家和读者批评指正。

编 者

2015 年 2 月

第二版前言

"期货投资实务"是高职高专投资与理财专业、证券与期货专业的核心课程。许多学生在学习这门课程之前，都觉得期货投资很神秘、不好学，但是系统学完后，又觉得期货投资比股票投资更简单、实用。主要原因是：要想做好股票投资，除了要进行宏观经济分析、行业分析外，还要进行公司分析，目前上海、深圳证券交易所有 2 300 多家上市公司，要想对所有的上市公司都有所了解，工作量之大可想而知；而从事期货投资，我们平常交易的品种不超过 10 个，因而更容易全面了解，同时期货交易的特点就是"短、平、快"，更能体现投资的魅力。

本书的编写体现了期货投资的特点，以"简单、实用"为基本原则，着力反映职业教育的特点。本书的主要特色包括：

1. 文字简单。本书力求用简单直白的文字讲述期货投资的原理和实践操作，使得本书的使用者不会由于文字原因而陷入窘境，方便自学。

2. 理论简单。本书的编写严格遵循职业教育的要求，理论以必需、够用为原则，在涉及理论部分只讲述"是什么"，不涉及"为什么"；同时坚持理论与实践相结合，通过大量例题、案例分析来阐明理论。

3. 内容实用。本书的主要内容只涉及上海期货交易所、大连商品交易所、郑州商品交易所和中国金融期货交易所的相关交易规则和交易品种，辅之以必要的基本分析和技术分析知识，具有很强的针对性。学完本书后，读者完全可以马上进行期货投资的实战操作。

4. 使用方便。本书既可以作为高职高专院校相关专业的教学用书，也可以作为期货投资爱好者或期货从业者的参考学习用书。

本书由安徽财贸职业学院方晓雄提出编写提纲，并对全书进行修改总纂。其中大连职业技术学院李岩编写了第 1、2 章，安徽工商职业学院周瀚醇编写了第 5、6 章，方晓雄编写了第 3、4、7、8、9 章。

本书在编写过程中，参阅了许多专家、学者的著作和研究成果，特别是上海期货交易所、大连商品交易所、郑州商品交易所和中国金融期货交易所网站的公开信息和相关论文，在此一并表示诚挚的谢意。由于编者水平有限，加之时间仓促，本书难免有疏漏或不当之处，恳请各位专家和读者不吝批评指正。

编　者
2012 年 1 月

目　录

第1章　期货投资概述

学习目标

在学习完本章之后，你应该能够：了解期货市场产生和发展的历程；熟知期货市场的组织结构；掌握期货市场的功能。

引例

伦敦金属交易所

伦敦金属交易所（LME）创建于 1876 年。19 世纪中期，英国已成为世界上最大的金属锡和铜的生产国。但随着工业需求的不断增长，英国生产的锡和铜已不能满足本国工业的需求，英国开始从国外运输铜矿石和锡矿石回国进行精炼。在当时的条件下，铜矿石和锡矿石的价格因运输路途遥远、运输过程中的种种问题而经常大起大落，价格风险很大。当时的英国商人和消费者面对锡和铜的价格风险，采取了预约价格的方式，在货物运到之前就对"未来到货"签订合同，以保证货物运来很多时都可以卖掉，运来很少时也不至于价格暴涨。

1876 年 12 月，300 名金属商人发起成立了伦敦金属有限公司，并于 1877 年 1 月开始营业，当时的营业地点设在伦敦伦巴德的一家帽子商店上面。1987 年 7 月，新的公司——伦敦金属交易所成立。

伦敦金属交易所是世界首要的有色金属交易市场，伦敦金属交易所的价格和库存对世界范围的有色金属生产和销售有着重要的影响，这些价格在业内被作为金属现货合同定价的依据。

资料来源：作者根据相关资料整理。

这一案例表明：期货交易是在现货交易、远期交易的基础上发展起来的，并且在固定的交易场所即期货交易所进行，是高度组织化、规范化的交易形式。期货交易的功能主要体现在规避现货价格风险和价格发现两方面。

1.1　期货市场的产生与发展

1.1.1　期货市场的产生

谈论股票，我们首先想到的是华尔街；谈论期货和期权，则非芝加哥（Chicago）莫属。芝加哥不仅诞生了世界上最早的期货交易，而且在当今的期货和期权交易领域，芝加哥也是当之无愧的全球最大的金融衍生品交易中心。芝加哥拥有世界闻名的芝加哥商业交易所（CME：以畜产品、短期利率欧洲美元产品以及股指期货为主要交易品种）、芝加哥期货交易所（CBOT：以农产品和国债期货为主要交易品种）和芝加哥期权交易所（CBOE：以指数期权和个股期权为主要交易品种）。2007 年 6 月底，芝加哥商品交易所（CME）和芝加哥期货交易所（CBOT）正式合并为芝加哥商业交易所集团（CMEGroup）；以芝加哥期权交易所（CBOE）为主体的芝加哥期权交易所集团（CMOEHoldings）成为世界上最大的期权交易中心。

据美国期货业协会（FIA）2010 年衍生品交易市场报告，3 家交易所的衍生品交易总量占据美国金融衍生品市场交易总量的 65%，总量全球第一，占总量比例达到 14%。

知识链接 1-1

"风城"芝加哥

芝加哥气候夏日酷热，冬季不冷，终年多风，被称为"风城"，是美国第三大城市，也是五大湖地区最大的工业中心，位于伊利诺伊州东北部，在美国境内第一大湖密歇根湖与芝加哥河交汇处。19 世纪开通的伊利诺伊-密歇根运河把处于内陆的芝加哥同五大湖和大西洋连接起来，使其变为港口城市，海洋巨轮可从加拿大的圣劳伦斯湾直驶芝加哥码头。芝加哥是美国的铁路枢纽，几十条铁路交汇于此，连接美国各大城市。芝加哥还有世界上最繁忙的国际机场之一的奥黑尔国际机场。因此，芝加哥可以称得上是美国东西交通、水、陆、空运输的中心。

19 世纪中叶，芝加哥发展成为重要的农产品集散地和加工中心，大量的农产品在芝加哥进行买卖，价格波动异常剧烈。在收获的季节，农场主都运粮到芝加哥，市场供过于求导致价格暴跌，使农场主常常连运费都收不回来，而到了第二年春天谷物匮乏，加工商和消费者难以买到谷物，谷物价格又飞涨。在客观上需要建立一种有效的市场机制以防止价格的暴涨暴跌，还需要建立更多的储运设施。

为了解决这个问题，谷物生产地的经销商应运而生。他们设立商行，修建仓库，收购农场主的谷物，并将谷物先储存起来，再根据行情分批上市。当地经销商在贸易实践中存在着两个问题：他需要向银行贷款以便从农场主手中购买谷物储存；在储存过程中要承担巨大的谷物过冬的价格风险，价格波动有可能使当地经销商无利可图，甚至连成本都收不回来。解决这两个问题的最好的办法是"未买先卖"，以签订远期合约（forward contracts）的方式与芝加哥的贸易商和加工商联系，以转移价格风险和获得贷款，这样，现货远期合约交易便成为一种普遍的交易方式。

然而，芝加哥的贸易商和加工商也同样面临着当地经销商所面临的问题，所以，他们只肯按比他们估计的交割时的远期价格还要低的价格支付给当地经销商，以避免交割期的价格下跌风险。由于芝加哥贸易商和加工商的买价太低，到芝加哥去商谈远期合约的当地经销商为了自身利益不得不去寻找更广泛的买家，为他们的谷物讨个好价。一些非谷物商认为有利可图，就先买进，到交割期临近再卖出，从中获得利润。这样，远期合约的交易量渐渐增加。

1848 年 3 月 13 日，由芝加哥 82 位商人发起组建的第一个近代期货交易所——芝加哥期货交易所成立。开始的时候，芝加哥期货交易所还不完全是一个市场，而是一个为促进芝加哥工商业发展而组成的一个商会组织。该组织发展的初衷主要是改进运输和储存条件，同时为会员提供价格信息等，促进买卖双方交易的达成。

在实践中，人们发现仅有远期合同还不足以保障交易双方的利益，比如交易的商品品质、等级、价格、交货时间、交货地点等都是根据双方的具体情况达成的，没有一个统一的标准，而当交易双方的供需情况发生变化或市场价格发生变化时，进行合同的转让十分困难，特别是远期交易最终能否履行主要依赖于双方的信誉，在对对方无法全面深入了解的情况下交易的风险依然巨大。针对上述情况，芝加哥期货交易所于 1865 年推出了标准化的期货合约（futures contract），以取代原有的远期合同，合约标准化包括合约中商品的品质和数量、交货时间、交货地点以及付款条件等的标准化，标准化的期货合约反映了最普遍的商业惯例，使得市场参与者能够非常方便地转让期货合约。同年，CBOT 又采用了保证金制度，规定交易双方必须在交易所或其代理机构存入一笔资金以确保合约的履行，如果一方不履行合约，那么已交纳的保证金就是他违约必须付出的代价，以解决期货合约交易中的毁约风险，保证金制度的创设促进了期货交易的完善。

在建立保证金制度的基础上，对冲规则得以产生和发展。1882 年，芝加哥期货交易所允许期货合约买卖者通过对冲方式免除履约责任，即参与者无须经期货合约对方当事人同意就可以转让合约。

随着期货交易的发展，期货结算的方法也不断改进。最初的结算方法被称为"直接结算"，该方法规定：任意一个交易者如对其持仓都按净额结算，须将其一笔或多笔交易与其原始的交易对手进行冲抵之后才能得出净额，这是一种非常麻烦、低效的结算方式。到了 19 世纪末，随着期货交易量的猛增，基于需要产生了一种更为灵活的结算方式。该结算方法最大的进步体现在，参与者可以不必局限于只能与其最初的交易对手了结交易持仓。这种较为进步的系统在当时被称为"环形结算"。在该系统下，众多的买者与卖者被连成了一个环形，在结算时对他们的账户进行同时清算。1925 年 10 月 5 日，芝加哥期货交易所清算公司（BOTCC）成立，该公司为独立的实体，由其结算会员负责运作，采用一种叫做"完全结算"的结算方式。该方式要求清算所作为所有交易者的交易对手，即作为买方的卖方、卖方的买方，正是这一大胆举措创立的独立金融机构及结算方法，为期货市场的发展提供了高效的结算体系。

随着远期合约的标准化、保证金制度的建立、期货结算所的成立，现代期货交易宣告真正诞生。

因此，现代期货交易的产生和现代期货市场的诞生，是商品经济发展的必然结果，是社会生产力发展和生产社会化的内在要求。期货交易的优点就在于它的流动性很强，在合同期内，交易的任何一方都可以及时转让合同，不需要征得其他人的同意。履约可以采取实物交割的方式，也可以采取对冲期货合约的方式。这是因为，期货交易的对象不是具体的实物商品，而是一纸统一的标准合同——期货合约，在期货交易成交后，买卖双方并没有真正转移商品的所有权。

1.1.2　期货市场的发展

期货市场自 1848 年美国芝加哥期货交易所成立至今走过了大约一个半世纪的历程。一百多年来，世界期货市场也经历了各种风风雨雨，从萌芽到发展，从成熟到提高。归纳起来，世界期货市场的发展主要经历了商品期货、金融期货和期货期权三个阶段。

1) 商品期货

商品期货是世界上最早的期货交易品种。商品期货是以实物商品为标的物的期货交易。商品期货是期货市场上历史最悠久的期货交易，它的品种繁多，种类涵盖人们生活的各个层面，概括起来，商品期货主要有农产品期货、金属期货和能源期货。

（1）农产品期货。农产品期货是人类历史上最早开发的期货交易品种。1848年，美国芝加哥期货交易所首先进行的就是农产品的期货交易。在1865年CBOT推出标准化期货合约后，随着现货生产和流通的扩大，新的农产品期货品种也不断出现，除了小麦、玉米、大豆等谷物期货外，从19世纪后期到20世纪初，逐渐出现了棉花、咖啡、可可等经济作物的期货交易，黄油、鸡蛋以及后来的生猪、活牛、猪腩等畜禽产品期货交易，木材、天然橡胶等林产品期货交易也陆续上市。

（2）金属期货。在工业革命之前，英国原本是一个铜的出口国，但工业革命使英国对铜的需求大大提高，英国变成了一个铜进口国，作为生产原料的铜在进口的过程中由于铜价的波动使英国的许多工厂承担着较大的市场风险，所以迫切需要有一个能够为其转移风险的市场。1876年，著名的伦敦金属交易所成立，开创了金属期货交易的先河，至1920年，铅、锌两种金属也在伦敦金属交易所正式挂牌上市交易。目前，伦敦金属交易所的金属期货品种已发展到7个，分别为铜、铝、铅、锌、镍、锡和铝合金。伦敦金属交易所自创建以来，一直交易活跃，至今，伦敦金属交易所的期货价格仍然是国际上有色金属市场的晴雨表。

（3）能源期货。20世纪70年代初发生的石油危机给世界石油市场带来了巨大的冲击，石油等能源产品价格的剧烈波动迫使人们期望借助于期货市场来避免价格风险的影响，于是，纽约商业交易所（NYMEX）的诞生开创了能源产品期货交易的先河，并成为世界上最有影响力的能源产品期货交易所。目前在纽约商业交易所上市的能源期货交易品种主要有原油、汽油、取暖油、丙烷等。

2) 金融期货

随着布雷顿森林体系的解体，到了20世纪70年代，固定汇率制被浮动汇率制所取代，利率管制等金融管制政策逐渐消亡，由此造成了汇率和各国利率的频繁剧烈波动。在这样的情况下，人们开始考虑用期货市场的功能来化解金融动荡所带来的风险，于是，金融期货应运而生。1972年5月，在美国芝加哥商业交易所设立了国际货币市场分部（IMM），首先推出了包括英镑、加拿大元、西德马克、法国法郎、日元和瑞士法郎在内的外汇期货合约。1975年10月，在芝加哥期货交易所又上市了国民抵押协会债券期货合约，从而成为世界上第一个推出利率期货合约的期货交易所。1977年8月，芝加哥期货交易所又推出了美国长期国债的期货合约，发展到今天，它已是国际期货市场上交易量最大的金融期货合约。1982年2月，美国堪萨斯期货交易所（KCBT）开发出了价值线综合指数期货合约，使股票价格指数也成了期货交易的对象。至此，金融期货中的三大类别——外汇期货、利率期货和股票指数期货均被开发，并快速形成了较大规模。特别是在进入20世纪的最后十年，无论是美国、欧洲的期货市场还是亚洲的期货市场，金融期货都已占据了期货市场交易的大部分，在国际期货市场上，金融期货也成为期货交易的最主要产品。

金融期货的出现是期货交易的重大变革，使期货市场发生了翻天覆地的变化，彻底改变了期货市场原有的发展速度和发展格局。从期货市场的发展进程来看，世界上大部分的期货交易所都是在 20 世纪的后 20 年中诞生和发展起来的，而在目前，在国际期货市场上，金融期货已是大多数期货交易所都有的交易品种，它对整个世界经济产生了极其深远的影响。表 1-1 记录了世界主要期货品种及其上市交易所。

表 1-1　　　　　　　　　　世界主要期货品种及其上市交易所

类别		品种	期货交易所
商品期货	谷物类	玉米、大豆、小麦、豆粕	芝加哥期货交易所（CBOT）
	林产品	木材	芝加哥商业交易所（CME）
	经济作物	棉花、糖、咖啡、可可、天然橡胶	纽约期货交易所（NYBOT）
	畜产品	生猪、活牛	芝加哥商业交易所（CME）
	有色金属	黄金、白银	纽约商品交易所（COMEX）
		铜、铝、铅、锌	伦敦金属交易所（LME）
	能源	石油、天然气	纽约商业交易所（NYMEX）
		石油	伦敦国际石油交易所（IPE）
金融期货	外汇	英镑、欧元、日元、瑞士法郎	芝加哥商业交易所（CME）
	利率	3 个月期的欧洲美元定期存款	芝加哥商业交易所（CME）
		美国长期国库券、十年期国库券	芝加哥期权交易所（CBOE）
	股票指数	标准普尔 500 指数	芝加哥商业交易所（CME）

3）期货期权

在 20 世纪 70 年代推出金融期货后不久，国际期货市场又发生了新的变化。1982 年 10 月 1 日，美国长期国债期货期权合约在芝加哥期货交易所上市，为其他商品期货和金融期货交易开辟了一方新的天地，引发了期货交易的又一场革命，这是 20 世纪 80 年代出现的最为重要的金融创新之一。期货期权交易与期货交易有所不同，它的交易对象既不是物质商品，也不是价值商品，而是一种权利，是权利的买卖或转让，所以期货期权交易常被称为"权钱交易"。期货期权交易最初源于股票交易，后来才被移植到期货交易之中，并得到了极为迅猛的发展。值得一提的是，2000 年，全球期权交易总量第一次超过了期货交易的总量。2005 年至 2010 年，全球期权市场交易量从 59.39 亿手上升至 111.13 亿手，增长了 87.12%。无论宏观经济是好是坏，期权业务一直呈现稳步增长，目前已占到了全球期货市场交易量的 75% 左右。

期权交易和期货交易都具有规避风险、提供套期保值的基本功能，但期货交易主要是为现货商提供套期保值的渠道的，而期权交易则不仅对现货商具有规避风险的作用，而且对期货商的期货交易也具有一定程度的规避风险的作用，这就相当于给带有风险意义的期货交易买上了一份保险。因此，期权交易所独有的特点，以及与期货交易结合运用所具有的灵活、有效的交易策略为投资者带来了很大的便利，成为现代投资者最为喜爱的交易方式。目前，国际期货市场上绝大部分期货交易品种都引进了期权交易的方式。现在，不仅在期货交易所和股票交易所开展了期权交易，而且在许多国家和地区还成立了专门的期权交易所，如芝加哥期权交易所、荷兰阿姆斯特丹期权交易所、英国伦敦期权交易所等。其中，芝加哥期权交易所是目前世界上最大的期权交易所。表1-2显示了2011年全球各类别期货期权的交易量排名情况。表1-3显示了2011年全球各衍生品交易所交易量的排名情况。

表1-2　　　　　　　　　　2011年全球期货期权按交易量排名表

类别	2010	2011	变化
证券指数	7 416 030 134	8 459 520 735	14.1%
证券	6 295 265 079	7 062 363 140	12.2%
利率	3 202 061 602	3 491 200 916	9.0%
外汇	2 525 942 415	3 147 046 787	24.6%
农产品	1 305 531 145	991 422 529	-24.1%
能源	723 614 925	814 767 491	12.6%
非贵金属	643 645 225	435 111 149	-32.4%
贵金属	174 943 677	341 256 129	95.1%
其他	137 655 075	229 713 692	66.9%
总和	22 424 689 277	24 972 402 568	11.4%

资料来源：根据美国期货业协会（FIA）相关数据整理。

表1-3　　　　　　　　　　2011年全球衍生品交易所按交易量排名表

排名	2010	2011	变化
1. 韩国交易所	3 748 861 401	3 927 956 666	4.8%
2. CME 集团 包括 CBOT 和 NYMEX	3 080 497 016	3 386 986 678	9.9%
3. 欧洲交易所	2 642 092 726	2 821 502 018	6.8%
4. 纽约泛欧交易所	2 154 742 282	2 283 472 810	6.0%
5. 印度国家证券交易所	1 615 790 692	2 200 366 650	36.2%
6. 巴西交易所	1 413 753 671	1 500 444 003	6.1%
7. 纳斯达克	1 099 437 223	1 295 641 151	17.8%
8. CBOE 集团	1 123 505 008	1 216 922 087	8.3%
9. 印度多种商品交易所	1 081 813 643	1 196 322 051	10.6%
10. 俄罗斯交易系统证券交易所	623 992 363	1 082 559 225	73.5%
11. 郑州商品交易所	495 904 984	406 390 664	-18.1%
12. 美国洲际交易所	328 946 083	381 097 787	15.9%
13. 印度联合交易所	125 360 892	352 318 350	181.0%
14. 上海期货交易所	621 898 215	308 239 140	-50.4%
15. 大连商品交易所	403 167 751	289 047 000	-28.3%

资料来源：根据美国期货业协会（FIA）相关数据整理。

回顾国际期货市场的整个发展过程，可以看到，期货在各个交易品种、各个交易市场间是相互促进、共同发展的。从目前国际期货市场的基本情况来看，商品期货继续保持在稳定的基础上有所发展，而金融期货则后来居上，有赶超商品期货的势头，在美国的一些交易所，金融期货的交易量已占到整个期货交易量的三分之二以上，而期货期权则方兴未艾，正逐渐被更多的人所认识和利用，成为更具科学性的投资交易工具。图 1-1 显示了 2013 年全球期货及其他衍生品种交易量的分布情况。

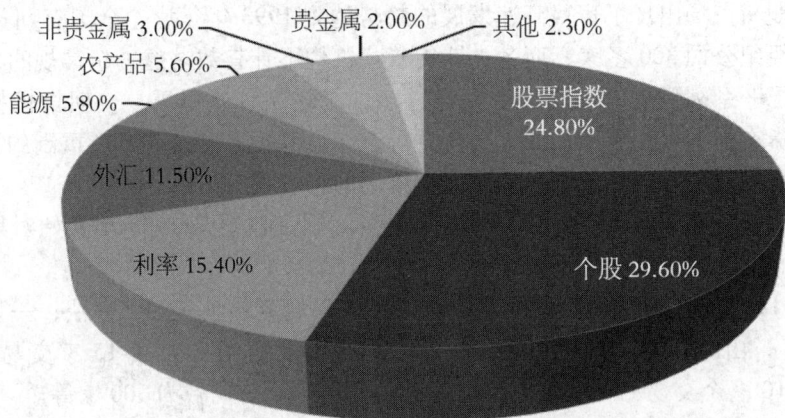

图 1-1　2013 年全球期货及其他衍生品种交易量的分布情况

资料来源：根据美国期货业协会（FIA）相关数据整理。

1.1.3　我国期货市场的发展历程

1）新中国成立之前的期货市场

中国期货市场雏形出现于 19 世纪末 20 世纪初，即美国期货交易历经近半个世纪的发展之后，最初起始于外国商人和国内行业设立的"公所"、"工会"，如由欧美商人成立的上海股份公所、由证券业成立的上海股票商业公会等。至 1921 年 10 月，在上海设立的交易所就有 140 余家，交易品种有证券、股票、债券、物品、物产、货币、面、纱、布、茧、丝、麻、粉麸、杂粮、烟酒、五金等数十种。之后，汉口、天津、哈尔滨、南京、苏州、宁波等地也竞相效仿开设各种交易所。

新中国成立之前的期货市场经过短暂的畸形繁荣后，很快走向衰败，至 1936 年，维持经营的只有上海证券物品交易所、上海金业交易所等 15 家交易所。新中国成立后，这些交易所被逐步关闭。

2）新中国的期货市场

20 世纪 80 年代末 90 年代初，伴随着改革开放的大潮，新中国期货市场踏上了全新的征程。

（1）期货市场的建立

随着改革开放的逐步深化，价格体制逐步放开。这时，不解决价格调控的滞后性问题就难以满足供求双方对远期价格信息的需要。1988 年 5 月，国务院决定进行期货市场试点。1990 年 10 月 12 日，中国郑州粮食批发市场经国务院批准，以现货交易为基础，正式引入期货交易机制，从而成为我国第一家商品期货市场，迈出了中国期货市场发展的第一步。

20 世纪 90 年代初，郑州粮食批发市场、深圳有色金属交易所、上海金属交易所等先后开业；1992 年，广东万通期货经纪有限公司、中国国际期货经纪有限公司等开业。至 1993 年下半年，全国各类期货交易所多达 50 余家，期货经纪机构多达近千家。

（2）期货市场的规范

20 世纪 90 年代中期，我国期货市场的发展走入了一个"小高潮"。但是，由于人们认识上的偏差，尤其是受到部门和地方利益的驱动，在缺乏统一管理和没有完善法规的情况下，中国期货市场出现了盲目高速发展的趋势。到 1993 年年底，全国有期货交易所 50 多家，期货经纪公司 300 多家，而各类期货兼营机构不计其数。这一超常规的发展也给期货市场带来了一系列问题，如交易所数量过多，交易品种严重重复，期货机构运作不规范，地下期货交易伺机泛滥，从业人员鱼龙混杂、良莠不齐，这些都严重制约了我国期货市场的进一步发展，并且导致了人们对期货市场的种种误解。

为了遏止期货市场的盲目发展，国务院授权中国证监会从 1993 年开始对期货市场进行了大规模的清理整顿和结构调整。

1993 年 11 月，国务院提出发展期货市场必须"规范起步，加强立法，一切经过试验和严格控制"，由此开始了期货市场第一次治理整顿：先后审批了 15 家交易所为试点，先后关停了 10 多个交易品种，重新审批注册的期货经纪公司减为 300 家等。

至 1999 年年底，经过 7 年的清理整顿，各项措施基本到位，监管效率明显提高，市场秩序趋于正常。经过清理整顿和结构调整，中国金融期货交易所及上海、大连、郑州的 3 家期货交易所因相对管理规范，运作平稳而得到保留（见表 1-4），150 余家期货经纪公司经过最后的增资审核得以继续从事期货经纪业务。

表 1-4　　　　　　　清理整顿后的部分期货交易所及其交易品种

期货交易所	交易品种
上海期货交易所	铜、铝、锌、铅、黄金、螺纹钢、线材、燃料油、天然橡胶
郑州商品交易所	强麦、硬麦、棉花、白糖、PTA、菜籽油、早籼稻、甲醇
大连商品交易所	玉米、黄大豆、豆油、豆粕、棕榈油、聚乙烯、聚氯乙烯、焦炭
中国金融期货交易所	沪深 300 股票指数期货

经过几年的运作，在优胜劣汰的市场规律选择之下，一批管理比较规范、运作较为平稳、发展相对成熟的期货品种脱颖而出，如上海期货交易所的铜、铝，大连商品交易所的大豆，郑州商品交易所的小麦。同时经过资格考试和认定，产生了一批具有期货从业资格的从业人员队伍，并且于 2000 年 12 月 28 日成立了行业自律组织——中国期货业协会，这标志着我国期货业正式成为一个具有自律管理功能的整体。至此经过十多年的发展，我国期货市场的主体结构趋于完善，一个相对独立的期货业基本形成了。

（3）期货市场的现状与前景

我国期货行业从 2000 年年底开始逐步复苏，尤其是从 2001 年开始，期货行业总体也明显回暖。首先是高层政策暖风频吹，从以"规范整顿"为主的政策基调重新回到以"规范发展"为核心的政策主调。

2001 年 3 月 5 日，第九届全国人民代表大会第四次会议上把"稳步发展期货市场"写进了"十五"计划纲要。时任中国证监会主席的周小川指出，要从国民经济发展的需要和证券市场整体建设的战略高度来认识期货市场。

2004 年 1 月 31 日，国务院发布了《关于推进资本市场改革开放和稳定发展的若干意见》，当年推出燃料油、棉花、玉米等期货交易。

2006 年 3 月，国务院总理温家宝在"政府工作报告"中提出要"积极稳妥地发展债券市场和期货市场"，中国期货业迎来了新的发展机遇和时期。

2006 年 9 月 8 日，中国金融期货交易所在上海挂牌。

2006 年 10 月 24 日，中国证监会主席尚福林在出席"2006 中国金融衍生品大会"时明确宣布，在条件成熟时，证监会将推出股指期货。

2007 年 4 月 19 日，经中国证监会和财政部审议通过的《期货投资者保障基金管理暂行办法》公布，自 2007 年 8 月 1 日起施行，这标志着中国期货投资者保障基金正式建立。

2008 年 3 月 7 日，银监会发布《关于商业银行从事境内黄金期货交易有关问题的通知》，允许符合条件的商业银行从事境内黄金期货交易业务。

2009 年 8 月 17 日，证监会正式发布《期货公司分类监管规定（试行）》，2009 年 9 月 1 日起施行。

2010 年 4 月 16 日，沪深 300 指数期货在中国金融期货交易所隆重上市。酝酿多年的股指期货终于破茧而出，我国金融期货市场建设迈出关键一步，自此我国进入重要的金融期货时代。

2011 年"两会"期间，"十二五"规划纲要提出，"要推进期货和金融衍生品市场发展"，"促进证券期货经营机构规范发展"，这表明国家重视期货市场发挥的作用，对期货和金融衍生品市场寄予厚望。

从国际金融市场的发展历程和现状来看，我国期货市场发展空间广阔。在国际金融市场，期货市场正是与证券市场、外汇市场并重的三大金融交易体系之一。在商品期货日益发展的同时，近年来以股指期货、外汇期货、国债期货为主的金融期货更是迅猛发展，不仅彻底改变了期货市场的发展格局，而且使整个金融市场的格局发生了深刻的变化。期货和期权交易的发展是近年来整个金融创新活动中最有活力的一部分。

1.2　期货市场的组织结构

现代期货市场是一个体系完整、层次分明、高度组织化和规范化的市场，一般而言，成熟期货市场的组织结构多数是以交易所为载体、以投资者为主体、以期货公司为中介的完整体系。

1.2.1　期货交易所

期货交易所是专门进行期货合约买卖的场所，是期货市场的核心，其自身不参与期货交易活动，不干涉交易价格的形成，也不拥有期货合约标的产品，只是为期货交易提供设施和服务。目前，全球共有 50 多家期货交易所，我国现有 4 家。

目前，全球期货交易所的组织形式可分为会员制和公司制两种。我国的 4 家期货交易所都采用会员制，期货交易所的注册资本被划分为均等份额，由会员出资认缴，不以营利为目的。期货交易所的入会条件是很严格的，各交易所都有具体规定。首先要向交易所提出入会申请，由交易所调查申请者的财务资信状况，通过考核，符合条件的经理事会批准方可入会。交易所的会员席位一般可以转让。交易所的最高权力机构是会员大会，会员大会下设理事会，一般由会员大会选举产生，理事会聘任交易所总经理，负责交易所的日常行政和管理工作。

公司制交易所是由投资者以入股方式组建并设置场所和设施，经营交易市场的股份有限公司，是以营利为目的的企业法人。它不参与合约标的物的买卖，但按规定对参与交易者收取交易费用，股东从中分享收益。公司制是目前世界期货交易所组织形式的发展方向。

期货交易所的主要职能包括：①提供交易场所、设施及相关服务；②制定并实施业务规则；③设计合约，安排上市；④组织和监督期货交易；⑤监控市场风险；⑥保证合约履行；⑦发布市场信息；⑧监管会员的交易行为；⑨监管指定交割仓库。

知识链接 1-2

上海期货交易所简介

上海期货交易所是依照有关法规设立的，履行有关法规规定的职责，受中国证监会集中统一监督管理，并按照其章程实行自律管理的法人。上海期货交易所目前上市交易的有铜、铝、锌、铅、黄金、白银、螺纹钢、线材、热轧卷板、燃料油、天然橡胶、沥青等12 种期货合约。

上海期货交易所坚持以科学发展观为统领，深入贯彻国务院关于推进资本市场改革开放和稳定发展的战略决策，依循"夯实基础、深化改革、推进开放、拓展功能、加强监管、促进发展"的方针，以稳定、和谐、创新、发展为着力点，严格依照法规政策制度组织交易，切实履行市场一线监管职责，致力于构建安全、有序、高效的市场机制，营造公开、公平、公正和诚信、透明、和谐的市场环境，努力建成规范、高效、透明的，以金属、能源、化工等工业基础性产品及相关衍生品交易为主的国际化综合性期货交易所，发挥期货市场发现价格、规避风险的功能，为国民经济发展服务。

上海期货交易所现有会员 250 多家（其中期货经纪公司会员占 80% 以上），在全国各地开通远程交易终端 398 家。

资料来源：根据上海期货交易所网站相关资料整理。

1.2.2　期货结算机构

期货结算是指期货结算机构根据交易所公布的结算价格对客户持有头寸的盈亏状况进行资金清算的过程。期货结算组织的形式有两种，一种是独立于期货交易所的结算公司，如伦敦结算所（London Clearing House）同时为伦敦的三家期货交易所进行期货结算；另一种是交易所内设的结算部门，如日本、美国等国期货交易所都设有自己的结算部门。我国目前采用的是交易所内设结算机构的形式。独立的结算所与交易所内设结算机构的区别主要体现在：结算所在履约担保、控制和承担结算风险方面独立于交易所之外，交易所内部结算机构则全部集中在交易所。独立的结算所一般由银行等金融机构以及交易所共同参股，相对于由交易所独自承担风险，风险比较分散。

期货市场的结算体系采取分级、分层的管理体系。结算机构一般采取会员制，只有会员才能直接得到结算的服务。期货交易的结算体系分为两个层次：第一个层次是由结算机构对其会员进行结算；第二个层次是由会员根据结算结果对其所代理的客户（非结算会员）进行结算。我国结算机构是交易所的内部机构，交易所的交易会员也是结算会员。由于期货交易是一种保证金交易，具有以小搏大的特点，风险较大，从某种意义上讲，期货结算是风险控制的最重要的手段之一。交易所在银行开设统一的结算资金账户，会员在交易所结算机构开设结算账户、会员在交易所的交易由交易所的结算机构统一进行结算。

期货结算机构对所有的期货市场上的交易者起到第三方的作用，即对每一个卖方会员而言，结算机构是买方；对每一个买方会员而言，结算机构是卖方。结算机构通过对每一笔交易收取交易保证金，作为代客户履约的资金保证，在制度上保证了结算机构作为期货交易最终履约担保人的地位。由于期货合约的买卖双方不必考虑交易对手的信用程度，因而使期货交易的速度和可靠性得到大大提高。

1.2.3　期货经纪机构

期货经纪机构是指依法设立的、接受客户委托、按照客户的指令、以自己的名义为客户进行期货交易并收取交易手续费的中介组织。

期货公司和证券公司一样属于金融服务企业，它们的存在拓展了期货市场参与者的范围，扩大了市场规模，提高了交易效率，增强了期货市场竞争的充分性，有助于形成权威、有效的期货价格。期货公司利用其人才和信息优势，进行专门的信息收集和行情分析，有助于提高客户交易的决策效率和决策的准确性；同时，期货公司通过严密的风险控制制度，可以较为有效控制客户的交易风险，实现期货交易风险在各环节的分散承担。

依据现有法规，我国期货公司的设立要经过中国证监会批准，在国家工商行政管理局登记注册，并具备以下基本条件：最低注册资本人民币 3 000 万元；主要管理人员和业务人员具有从业资格；有固定的交易场所和合格的交易设施；有健全的管理制度；中国证监会规定的其他条件。

截至 2013 年年底，我国总共有期货公司 156 家，其中代理交易额较大的期货经纪公司有中国国际期货、浙江永安期货、中证期货、中粮期货、广发期货、国泰君安期货、银河期货、南华期货等。

1.2.4　期货投资者

期货投资者是期货市场的主体，正是因为投资者的套保或投机赢利的需求，促进了期货市场的产生和发展。期货投资者可以有不同的分类标准，如按照投资者的身份可以分为个人投资者和机构投资者等。但在期货交易中，我们一般是按照参与期货交易的目的不同，将期货投资者分为套期保值者和投机者（包括套利者）。

套期保值者是指以回避现货价格风险为目的的期货投资者，其目的是通过期货交易寻求价格保障，尽可能消除不愿意承担的现货交易的价格风险，取得正常的生产经营或投资利润。

投机者是指在期货市场上以获取价差收益为目的的期货投资者，他们往往是风险偏好者。由于期货交易实行保证金交易，投机者可以用少量的资金做数倍于其资金的交易，因此，有机会获得高额利润。投机者是期货市场重要的参与主体，他们的参与增加了市场交易量，提高了流动性，承担了套期保值者所希望转嫁的价格风险。

套利者也是投机者，但和纯粹的投机者相比，投机方式不同。套利者针对市场上两个相同或相关资产暂时出现的不合理价差同时进行买低卖高，其利润和亏损都不会像纯粹的投机者那么大，是一种风险较小但获利较稳定的投机交易。

1.3　期货市场的作用

期货交易作为一种特殊的交易方式，它的形成经历了从现货交易到远期交易，最后到期货交易的复杂演变过程，它是人们在交易过程中不断追求交易效率、降低交易成本与风险的结果。在现代发达的市场经济体系中，期货市场作为重要的组成部分，与现货市场、远期市场共同构成既有分工又密切联系的多层次的有机体。

1.3.1　期货交易与现货交易、远期交易的区别

1）期货交易与现货交易

期货交易与现货交易的区别在于：

（1）买卖的直接对象不同。现货交易买卖的直接对象是商品本身，有样品，有实物，看货定价。期货交易买卖的直接对象是期货合约，是买进或卖出多少手或多少张期货合约。

（2）交易的目的不同。现货交易是一手交钱、一手交货的交易，马上或一定时期内获得或出让商品的所有权，是满足买卖双方需求的直接手段。期货交易的目的一般不是到期获得实物，套期保值者的目的是通过期货交易转移现货市场的价格风险，投机者的目的是从期货市场的价格波动中获得风险利润。

（3）交易方式不同。现货交易一般是一对一谈判签订合同，具体内容由双方商定，签订合同之后不能兑现，就要诉诸法律。期货交易是以公开、公平竞争的方式进行交易，一对一谈判交易（或称私下对冲）被视为违法行为。

（4）交易场所不同。现货交易一般不受交易时间、地点、对象的限制，交易灵活方便，随机性强，可以在任何场所与对手交易。期货交易必须在交易所内依照法规进行公开、集中交易，不能进行场外交易。

（5）商品范围不同。现货交易的品种是一切进入流通领域的商品，而期货交易的品种是有限的，主要是农产品、石油、金属产品以及一些初级原材料和金融产品。

（6）结算方式不同。现货交易是货到款清，无论时间多长，都是一次或数次结清。期货交易实行每日无负债结算制度，必须每日结算盈亏，结算价格是按照成交价加权平均来计算的。

2）期货交易与远期交易

期货交易与远期交易的区别在于：

（1）交易对象不同。期货交易的对象是标准化合约，远期交易的对象主要是实物商品。

（2）功能作用不同。期货交易的主要功能之一是发现价格，远期交易中的合同缺乏流动性，所以不具备发现价格的功能。

（3）履约方式不同。期货交易有实物交割和对冲平仓两种履约方式，远期交易最终的履约方式是实物交收。

（4）信用风险不同。期货交易实行每日无负债结算制度，信用风险很小，远期交易从交易达成到最终实物交割有很长一段时间，此间市场会发生各种变化，任何不利于履约的行为都有可能出现，信用风险很大。

（5）保证金制度不同。期货交易有特定的保证金制度，远期交易是否收取或收多少保证金由交易双方私下商定。

1.3.2　期货市场的功能

期货市场在稳定与促进市场经济发展方面有以下功能，其中前两项是其最基本、最主要的功能。

1）回避价格风险的功能

期货市场最突出的功能就是为生产经营者提供回避价格风险的手段，即生产经营者通过在期货市场上进行套期保值业务来回避现货交易中价格波动带来的风险，锁定生产经营成本，实现预期利润，也就是说期货市场弥补了现货市场的不足。

2）发现价格的功能

在市场经济条件下，价格是根据市场供求状况形成的。期货市场上来自四面八方的交易者带来了大量的供求信息，标准化合约的转让又增加了市场流动性，期货市场中形成的价格能真实地反映供求状况，同时又为现货市场提供了参考价格，具有"发现价格"的功能。

案例分析 1-1

进一步发挥股指期货的功能和作用

自 2010 年 4 月 16 日股指期货上市以来，目前已顺利交割 44 个合约，累计开户近 17 万户，累计成交 3.9 亿手，累计成交额达 301.37 万亿元，在全球股指期货中成交排名第五位。截至 2013 年 12 月 31 日，股指期货市场 2013 年全年累计成交 1.93 亿手，同比增长 83.91%，累计成交 140.70 万亿元，同比增长 85.52%，年末持仓量 119 534 手，较上一年年末持仓增长 8.29%。期货始终围绕现货价格波动，没有偏离现货走出独立行情。二者高度拟合，价格相关性高达 99.56%。沪深 300 股指期货继续保持健康平稳发展，功能逐步发挥出来，服务资本市场发展全局的积极作用日益显现。

股指期货满足了市场强烈的避险需求。通过套期保值，使机构投资者避免了在现货市场进行集中恐慌性抛售，减缓了股市下跌幅度，保护了各类投资者利益。

股指期货的推出，也逐步改变了充斥市场的过度交易、高换手率等特征，使充斥市场的炒题材、炒重组、炒消息的局面渐渐改善。沪深 300 指数成份股日均换手率均值从上市前三年半的 1.85% 下降到上市后的 0.56%。

股指期货健全了避险机制，推动了长期资金入市。中金所将通过金融创新提高服务能力，充分延展产业链，吸引更多机构投资者和长期资金入市，利用期货进行风险管理，增加市场资金供应总量。目前市场共有机构客户 190 家，机构产品账户 1 359 个，开设交易编码 1 848 个，涉及证券、期货、基金、信托、QFII、保险等六大类机构，除银行外基本都已参与。

从理论上讲，股指期货具有发现价格、风险对冲、套期保值、稳定市场的功能。成为全球使用最广泛、最成熟的避险工具。

从国际市场经验来看，股指期货市场经受了历次金融危机的考验，自身没有出现大的系统性风险，而且在股票市场危急时刻，股指期货成交量放大，通过期货市场的避险，有效释放市场巨大抛压，避免市场连续暴跌。据统计，2008 年金融危机爆发至当年年底，

22 个推出股指期货的市场股票平均跌幅为 46.91%，而没有推出股指期货的市场平均跌幅达到 63.15%，同一时期，我国上证综指跌幅更是达到 73%，比传统上我们描绘的国外股市"崩盘"的跌幅还大。

从 2010 年开放股指期货以来，发挥了一些股指期货的功能，但远远不够，对股指期货的质疑声也源源不断。例如，有人认为中国股票现货市场走得不好是由于开放了股指期货所致，股指期货成了做空的力量，股指期货抽走了现货市场资金。股指期货投机功能发挥得淋漓尽致，而套期保值、稳定市场的功能确实不明显。其原因在于：

（1）我国 A 股现货市场制度不健全

从各个国家发展股指期货的顺序可以看出，往往股票市场比较发达的国家，推出股指期货也相对较早，如果没有发达的现货市场，缺乏灵活的价格形成机制，或者现货市场的容量较小，期货市场即便建立，也会有很大的风险。因此，在推出股指期货之前，必须有一个发展充分的现货市场作为基础。

而我国 A 股市场发行和交易制度还存在很多问题，发行价格没有完全市场化，二级市场交易价格扭曲（爆炒首日），还没有实行 T+0 交易制度，与期货市场不匹配。

（2）我国股市投资者结构不合理

对于成熟的证券市场而言，机构投资者应该在市场中占主导地位，机构投资者具有成熟的交易理念和运作方式以及多样化的资产组合，从而成为稳定证券市场的重要力量，也成为股指期货市场发展的重要推动力量。目前我国股指期货市场的投资者以自然人居多，法人所占比重不足 20%。投资者的资金大多来源于中小散户。目前我国期货市场的保证金总量为 150 亿元，投资者数量为 20 万户上下，户均投资额为 7.5 万元，其中 100 万元以下的投资者占 85%，超过 300 万元的投资者只占 5%。中小散户对期货投资的知识、信息方面的缺乏，制约了理性的投资决策。而且，他们大多都抱着投机的交易目的而来，他们把炒股的一套思路带到股指期货市场，诸如满仓操作、长期持仓、不及时止损、单边做多或做空。总之，目前我国期货市场的投资者结构使得我国股指期货市场资金规模有限、市场稳定性差，影响了其功能的发挥。

（3）社会诚信程度不高，诚信体系还没有完全建立

市场经济本身就是一个信用经济，如果市场主体不遵守诚信的原则，那么市场发展必将出现很多的问题甚至瘫痪。市场化程度越高，要求的信用水平便越高。期货市场由于保证金制度的存在，期货市场的风险和收益都被放大了，相对应的是，期货市场对信用的要求程度也比现货市场更高。

加之期货行业属于金融服务业，其直接经营对象是广大客户，为众多客户提供期货交易、信息咨询等服务。在我国期货市场发展前期，一些经纪公司及交易所的失信行为频频发生，交易所协同大户操纵市场、公司欺诈客户、投资者爆仓逃遁、客户亏钱赖账的现象时有发生，这些事件使期货行业的形象和信誉受到了很大的破坏，导致期货业付出了惨痛的代价。社会诚信程度不高，必然会在一定程度上制约我国股指期货市场的发展。

资料来源：曹凤岐．进一步发挥股指期货的功能与作用［N］．金融时报，2014-07-07.

问题：股指期货市场是否具有期货市场在稳定与促进市场经济发展方面的功能？

分析提示：我国目前的股指期货市场应该能更好体现套期保值、稳定市场价格的功能，而非单纯的投资甚至投机工具。

3）有利于市场供求和价格的稳定

首先，期货市场上交易的是在未来一定时间履约的期货合约，它能在一个生产周期开始之前，就使商品的买卖双方根据期货价格预期商品未来的供求状况，指导商品的生产和需求，起到稳定供求的作用。其次，由于投机者的介入和期货合约的多次转让，使买卖双方应承担的价格风险平均分散到参与交易的众多交易者身上，减小了价格变动的幅度和每个交易者承担的风险。

4）节约交易成本

期货市场为交易者提供了一个能安全、准确、迅速成交的交易场所，提高了交易效率，不发生"三角债"，有助于市场经济的建立和完善。

5）合理利用社会闲置资金

期货交易是一种重要的投资工具，有助于合理利用社会闲置资金。

案例分析 1-2

全球交易所并购风起云涌（CME 并购 CBOT）

2006 年 10 月 17 日，美国芝加哥城内的两大交易所——芝加哥商业交易所与芝加哥期货交易所正式合并，由此诞生了迄今为止全球最大的交易所——芝加哥交易所集团。

这个新的庞然大物总市值将达到 250 亿美元，远远超过了纽约股票交易所、欧洲交易所等竞争对手。合并将使新交易集团在利率期货、指数期货等金融衍生产品交易及农产品期货交易等市场拥有对手难以匹敌的规模优势。

这桩发生在美国第三大城市的并购的影响已波及欧亚市场。

三十多年的努力

芝加哥商业交易所与芝加哥期货交易所分别创立于 1898 年和 1848 年，早期均从事与农产品相关的期货交易。由于地理上的便利条件，双方的合并计划早在 20 世纪 70 年代中期就已开始酝酿，其间共经历了 30 多年。合并的努力至少做过 3 次，但均以失败告终。

据当事者回忆，合并道路之所以困难重重，主要由于双方企业文化之间的巨大差异、企业未上市前定价困难，以及历史留存的不信任因素。

至 20 世纪 90 年代末期，芝加哥商业交易所抓住了电子交易时代对金融衍生商品交易的巨大需求这一良机，在短短的几年内，交易量连续超越纽约和伦敦，成为全球最大的金融衍生商品交易市场。

2002 年 12 月，商业交易所公开发行股票上市，而期货交易所也在 2005 年 10 月上市。上市为两家交易所顺利合并奠定了基础。而且，近几年来两家交易所的合作其实已经日益紧密。

芝加哥商品交易所新闻发言人说："两家交易所数年来都保持着稳健并富有成效的合作，2003 年双方合作推出了结算业务，芝加哥商品交易所开始结算所有发生在芝加哥期货交易所的交易。因此，今天最终合并，是期货和金融市场发展的结果，我们别无选择。"

而 Arc Capital Management 总裁 Steven Petillo 认为，"促成双方今天合作成功的关键因素，是因为两家交易所都是上市公司，因而使双方的市场价值透明化，任何人都可以从其股票价格、信誉分析等多元数据基础上清晰地分析出并看到其市值所在——商品交易所合并前为180亿美元,期货交易所为70亿美元。可以说,愈加透明的市场环境是促成合并的第一步"。

别无选择的合并

新集团无疑是以商业交易所为主导的,集团总裁由原商业交易所总裁克雷格·多诺霍出任,董事会由29名成员组成,商业交易所和期货交易所分别占20名和9名。但合并成功仅是新交易集团的第一步,更多的挑战将来自整合的过程,如何留住老客户也是新集团面临的迫切问题。

芝加哥商品交易所新闻发言人说,"合并当然是一个非常复杂的过程,首先要取得双方股东、期货交易所会员、管理层等对一系列决策的一致意见,如对新交易所、新管理层、决策层的选举等。然而,这只是合并过程中的一个部分。从目前的状况我们可以积极地预测,未来12~18个月,我们将取得预期的收益,那就是,预计降低共1.25亿美元的成本和劳动力总投入"。

但对于合并后是否裁员,该新闻发言人不愿置评。

Steven Petillo则对整合的前景很乐观,他说:"两家百年交易所,交易形式类似,人才水平相近,诸多因素决定了合并不会存在严重的文化和管理等障碍。电子交易平台的整合以及其他技术整合可能会遇到一些问题,可是,这些问题对任何合并来说都是正常的。"

"合并对双方都是有利的选择,至少现在来看是这样,商品交易所可以通过合并进入其一直薄弱的农产品期货市场、利率期货市场。比如,农产品期货中的肉类期货产品、利率期货中的外汇产品合并后将很有可能成为一个交易亮点。"

芝加哥商品交易所新闻发言人则表示,对双方的客户来说,合并将最终降低交易成本以及交易风险。

影响波及欧亚

芝加哥毫无疑问是衍生品交易、期货交易的中心,从2005年的数字来看,全美64%的期货交易都发生在芝加哥。两家交易所的合并更加稳固了芝加哥全美金融中心的地位,众多分析人士和咨询机构认为,合并最终会加速双方在美国以及在其他国家的发展。

合并案公布后,欧洲各大交易所对此表示出了高度关注。分析人士认为,这必将引发欧洲大陆交易所合并的新一轮浪潮。而在亚洲,新交易集团已经表现出明显的扩张意图,且已经有了实质性的扩张举措。

芝加哥期货交易所已经和新加坡交易所合资组建了商品交易所,开发依托于电子交易平台的衍生商品交易。而期货交易所则分别与中国外汇交易中心和上海证券交易所就开拓中国衍生品市场信息交流签署过谅解备忘录,并举行了包括中国证监会与上海期货交易所官员在内的培训。

此外,该交易所还推出了人民币期货与期权交易产品,为市场提供了规避人民币汇率波动风险的工具。

资料来源:根据全景网相关资料整理。

问题:请从芝加哥商业交易所和芝加哥期货交易所合并事件入手,分析未来期货交易所的发展方向。

分析提示:兼并重组,进一步增强竞争力。

知识掌握

1.1　现代期货交易真正诞生的标志是什么？

1.2　世界有哪些主要商品期货品种？其主要上市交易所是哪个？

1.3　我国有哪四家期货交易所？其主要交易品种各是什么？

1.4　期货交易所的主要职能是什么？

1.5　在期货交易中，我们一般可将投资者分为哪几类？

1.6　期货交易与现货交易有哪些不同？与远期交易有哪些不同？

1.7　期货市场最基本的功能有哪两项？

知识应用

□ 案例分析

新疆农民与纽约期交所——棉花探戈

期货拽着现货跳起了探戈，为这支棉花之舞伴奏的，是印钞票的哗哗声

高社会坐了一趟梦幻般的过山车。

这位新疆阿克苏地区的普通棉农，上半年是在噩梦中度过的：他种的 100 亩棉花先遇大雪，再遭冰雹，到了采摘时亩产仅有 100 多千克，不到往年的 1/3。高社会悔得肠子发青，打算明年改种小麦。

然而没过几个月，天上却掉下了"金子"——棉花刚出来时就有人出 10 元/千克来收，现在已经涨到每千克十三四元了。要知道，去年的收购价也就是 6 元多。"据说都是期货闹的，我在电视新闻上看到过，可不太了解。"已经卖完了棉花的高社会心满意足地说道。

他根本无从知道，期货这个棉农们陌生的玩意儿，如何搅动了地里的棉花，而远在千山万水之外的纽约期货交易所，又是怎样以不可抗拒的力量将他拽进一场"棉花探戈"。

美国蝴蝶扇动翅膀

8 月 12 日，美国农业部公布 8 月棉花供需预测，这个消息就像一声发令枪响。

就在高社会的棉花刚刚开始采摘的 8 月份，一个 30 多人的期货调研团就在阿克苏的田间地头打听今年棉花的产量和价格。这些传说中的"浙江期货大户"随即传出消息，今年棉花的第一目标价是 2 万元/吨。

这个消息在当地棉企中一开始被传为笑谈：以往，新疆棉花采购从未超出每吨 1.7 万元的"天价"——这些张口闭口 2 万元的大户们真以为棉花是金子做的？

然而，并不是期货大户们发疯了。很多当地棉企不知道的是，远在大洋彼岸的纽约期货交易所里，美国农业部这只蝴蝶已经扇动了翅膀。

8 月 12 日，美国农业部公布 8 月棉花供需预测显示，全球 2010—2011 年棉花年末库存减少至 4 561 万包（1 包为 500 磅），消费量则从 1.197 亿包上调至 1.2087 亿包。

这个消息就像一声发令枪响，市场基金迅速涌向棉花期货，当天便购买了 12 000 手看涨合约，将 12 月到期棉花期货价格一举推上 85.71 美分/磅的高位——这个价位上一次出现是在金融风暴前夕的 2008 年 4 月份。

此时，一些市场资金已经在棉花期货中徘徊了几个月。有研究人士注意到，从2009年年中开始，此前"犹如死亡"的美棉期货指数突然活跃起来。

在这个信息与资金都已互通的市场上，中国棉花的活跃仅仅只比美国慢半步。

8月下旬，大地期货、新湖期货、永安期货等一系列"浙商系"期货公司齐齐现身棉花期货的"多头排行榜"。郑州期货交易所的棉花期货交易量迅速从7月底的数万手飙升至10月中旬的近300万手。

短短两个多月时间里，郑州期货交易所的棉花期货价格从不到17 000元/吨暴涨至近34 000元/吨。

期货市场的暴涨，迅速拉高现货市场价格，被市场喻为顶峰的一幕是：11月8日，为了应对期货价格暴涨，纺织巨头魏桥纺织大幅提高棉花现货采购价，每吨提价2 000元。

持续的上涨一直传递到了棉花地里。过去的几个月里，此前每千克十一二元的籽棉收购价翻了一番多，达到前所未有的高峰，而棉农高社会们则被一把拽进令人眩晕的"财富之旅"。

谁看到了供需缺口里的金子

现任金瑞期货投资分析师的黄宏军当时正在为某浙江期货大户做操盘手，他从2008年年底就发现郑棉期货走出了一个W型的筑底趋势，"从那时起我就一直关注棉花的供需缺口"。

美国棉花的供需预测数据能在市场上制造一场"资本风暴"，而中国棉花的供需预测数据却令发布者十分沮丧。

农业部农村经济研究所一项调查显示，在2001年到2009年期间，国内棉农收入曾经出现过两次大幅下滑，一次是在2004年，由于扶持政策向小麦、大米和玉米等谷类作物倾斜，棉农收益同比下降并导致次年棉花种植面积下降11%；另一次则是2008年年底市场下滑，11月郑棉期货创上市以来的最低价11 805元/吨，让高社会们记忆犹新的"3元多一千克"的收购价格就出现在此时，棉农种棉收益比上年锐减6成以上。这一巨大反差直接导致2009年新疆棉花播种面积减少了37.5万公顷，产量减少了52.5万吨。

与此同时，据中国棉花协会棉农分会统计，2009年黄河流域棉田面积减少了16%，长江流域棉田面积减少20%。

然而，令棉农分会秘书长王定伟沮丧的是，调查数据对外发布后，"并没有引起多少注意"。

中国的农业生产还长期停留在靠天吃饭、靠农民们凭着感觉耕种的年代，棉农们并未注意这些供需调查数据。

但金融市场的发展，让农业呈现出了前所未有的财富之光，有心的期货人早已开始悄悄盯上了这个可能的缺口。

现任金瑞期货投资分析师的黄宏军当时正在为某浙江期货大户做操盘手，他说，到了2009年11月，美国农业部公布的棉花供需数据终于证实了他的推测：2009—2010年美国棉花供需差额达27.15%，而中国的供需差额也达到了22.25%。

"这是历史上从来没有过的，以前几个点的差额已经很大了。"黄宏军向记者表示，美国和中国作为棉花的最大出口国和消费国，如此巨大的供需缺口必然带动全球价格上升。

比棉农敏感得多的期货人迅速出手了。

期货现货，模糊的界限

当美国发令枪响，期货与现货两个市场仿佛立刻被拉平。

比期货人在期货市场的出手更早的是，棉花的最终买家——下游企业，早在 2009 年新棉上市时，就更早地开始在现货市场陆续出手。

君亮资产管理公司 CEO 吴君亮向记者表示，他们在 2010 年第 1 季度的季报中注意到，像鲁泰这样的纺织业巨头投入了大量资金收购棉花，"这是此前很少有的现象"。

鲁泰大量收购现货棉花，从其在棉花经营上的收入就可见一斑。2008 年鲁泰棉花经营上的收入为 3 000 多万元，到 2009 年则增加了 1 倍以上，达 7 200 万元；而到 2010 年年中时，仅半年时间收入就达 7 800 万元。

2010 年上半年，大型纺企不断在现货市场出手是普遍现象。安徽华孚色纺股份公司 2010 年年初原材料账面价值只有 4.21 亿元，但 6 月末就暴增为 8.28 亿元。到 9 月底华孚色纺又新增 1.2 亿元短期借款，筹资 3.75 亿元收购籽棉。

这样的出手，最初是因为担心棉价上涨而提前进原料。有人分析，另一个原因则是资金的充裕——大型棉企可以非常容易地获得资金。2009 年，中国银行业新增贷款超过 10 万亿元，比上年新增 33%，是经济增速的 3 倍，2010 年 1 季度贷款又新增 2.8 万亿元。处于货币高度宽松阶段的中国，充裕的资金可以为任何题材提供资金支持。

纺织巨头大量囤棉，让其库存迅速增加。中棉协 8 月行业预告中描述："大中型企业目前库存十分充裕，有的大型纺织企业存有 6 个月的用棉量。"而以往两年，它们的库存甚至不足一个月的用量。

尽管现货市场的囤积和价格上涨早就开始，但美国主导的世界棉花期货价格，却一直"憋"到了 8 月份才出现爆发式的增长。

而当美国发令枪响，期货与现货两个市场仿佛立刻被拉平——具备现货贸易能力的对冲基金与贸易商们开始大量收购棉花现货，放大棉花供需缺口，"保护"期货价格继续上涨；而以棉花为原材料的下游纺织加工企业则开始更深地进入期货市场，购买的合约远远超出传统意义上的套期保值。

"我们最近接触到一些企业，即使生产不需要也在大量囤积金融和农产品等期货商品，"黄宏军向记者表示，许多企业每年都有大量银行信贷额度，在通胀预期下一些企业就将原本用不上的信贷额度"套现"，随着相应期货价格的大幅上涨，企业获利远超过主营业务本身。

终曲

这样的期货与现货的一场混战，在记者采访的多位市场研究人士看来，更关键的因素还在于"货币效应"。

资深证券业人士徐士敏曾经专门考察过大连期货交易所的大豆期货，并以专著介绍了期货对农产品产业链的资源配置优化功能。在接受记者采访时，他坦言这一轮农产品，包括棉花期货价格的暴涨，很大意义上是"炒出来的"。"美国有投资界朋友告诉我，他们现在做空美元的同时，正全力做多各类商品期货指数。"徐士敏表示，在美元因量化宽松政策而贬值的"大势已定"的局面下，美元贬值就意味着各类资产和商品价格的上升，投资基金此时做空美元，做多商品期货即可在两个市场上双重获利。

但谁都知道，击鼓传花的鼓声终将停歇。

到了10月下旬，超涨之下，赚得盆满钵满的"大户"们开始悄悄出货。一位大户操盘手向记者表示，他们在10月25号之前就已经全部平仓："赚得太多了，也得给别人留点儿。"

10月29日，国家发改委等七部委联合下发紧急通知，以空前严厉的态度宣布要严厉查处"恶意囤积、哄抬价格"的行为。

此时，因为得到中国现货市场大涨的支撑，按惯例本该随当日美盘连日下跌而下跌的郑棉期货价格又多挺了两天，直到11月10日才正式暴跌。就在这两天时间里，多空携手大量减仓，既保证了多头的高位盈利，又使空头避免了暴跌之下的斩仓损失。

11月15日，在打击游资炒作政策和央行提高存款准备金率双重调控下，郑棉期货主力合约第4天大跌，价格重回3万点以下，同时美元汇率的反弹也使美国商品期货价格出现大面积暴跌。持续了3个月的棉花期货"狂牛行情"步入终结。

许多中小企业却陷入了窘境：在低棉价时习惯了"零库存"，缺乏储备的加工企业只能停产放假。

而依旧兴奋着的高社会，却依然无法知道，当明年的探戈舞曲声响起，舞步该是向前还是向后。

资料来源：佚名. 新疆农民与纽约期交所——棉花探戈［N］. 南方周末，2010-11-17.

问题：根据上述报道，谈谈你对期货市场的认识。

分析提示：期货市场既具备价格发现、规避风险的职能，同时本身又是高投机、高风险的市场。

□ 实践训练

实地考察一家运用期货交易规避市场风险的企业，了解期货交易对企业的生产、营销、利润会产生哪些影响。

要求：

①明确该企业期货交易的品种及各个品种所属的期货交易所。

②考察期货交易对企业的经营和财务有何影响。

③期货交易有时可能会使企业失去部分利润，讨论期货交易的必要性。

第2章 期货合约

学习目标

在学习完本章之后，你应该能够：了解期货合约的定义和特征；掌握期货合约的基本条款；熟知上海期货交易所铜期货合约主要条款的含义。

引例

石油沥青合约发布

昨日（指 2013 年 9 月 17 日），上海期货交易所正式对外公布了《上海期货交易所石油沥青期货标准合约》及多个相关规则。正式合约与此前草案基本一致，仅有最小变动价位由 1 元/吨改为 2 元/吨一处变动。

据了解，即将上市的沥青期货交易单位为 10 吨/手，涨跌停板为 ±3%，最低交易保证金为合约价值的 4%。交割方式为实物交割，交割品级为 70 号 A 级道路石油沥青。据悉，在交易时间上，沥青期货不会直接推出"夜盘"。

上期所相关负责人表示，在 2012 年 12 月获得期货监管一部石油沥青期货立项申请的批复后，交易所为争取尽快开展石油沥青期货交易开展了大量基础工作。不断加强与国家相关部委及国有石油公司的沟通，并对多家沥青生产及贸易企业进行实地调研，全面深入了解沥青现货市场情况。在实证研究和充分论证的基础上，借鉴燃料油等能源及成熟金属期货品种交易的成功经验，并结合沥青产品自身的特点，科学设计了石油沥青期货合约与规则。

值得注意的是，在交割环节上，沥青期货颇具亮点。首先是实行仓库交割与厂库交割相结合的方式。在业内人士看来，仓库交割方便贸易商的参与，厂库交割方便生产厂商的参与，多种交割方式为市场参与者提供多个选择，有利于降低交割成本。

此外，还引入注册品牌交割制度。据介绍，当前沥青交割的注册商品涵盖中石油、中海油、中化、地方炼厂以及进口沥青等 10 余个生产企业的 7 个品牌，2012 年注册生产企业产量合计约 1 000 万吨，约占全国沥青消费量的 47%。

石油沥青期货的推出得到业界和产业人士的大力支持，市场对石油沥青期货有着很高的热情。有企业代表提出，对于广大沥青企业而言，期货是一种风险管理工具。期货市场的主要作用是为企业和机构投资者提供规避风险的工具。现货企业必须学会并积极利用期货市场，才能在激烈的竞争中生存下来。

业内专家提醒，沥青企业在参与期货市场时，应坚持套期保值的原则，牢记参与期货交易的目的是保障生产和经营的稳定以及提高销售和利润的可控性，绝不是通过投机交易来获利。此外，应当熟悉石油沥青期货交易各项规则，加强套期保值各项管理制度建设，严格执行风险控制制度，健全和完善内控等各项监督机制，只有这样才能充分利用好期货市场为企业发展服务。

资料来源：作者根据 2013 年 9 月 17 日上海期货交易所的相关报道整理。

这一案例表明：期货合约是期货交易所统一制定的标准化合约，包括一些基本条款，如交易品种、交易单位、最低交易保证金、价格最大波动限制、交割方式等。

2.1　期货合约

2.1.1　期货合约的概念

期货合约是期货交易的买卖对象或标的物，是由期货交易所统一制定的，规定了某一特定的时间和地点交割一定数量和质量商品的标准化合约，期货价格则是通过公开竞价而达成的。

2.1.2　期货合约的主要特征

期货合约的主要特征有：①期货合约的商品种类、数量、质量、等级、交货时间、交货地点等条款都是既定的、标准化的，唯一的变量是价格；②期货合约的标准通常由交易所设计，经国家监管机构审批上市；③期货合约是在交易所组织下成交的，具有法律效力；④期货价格是在交易所的交易厅通过公开竞价方式产生的，国外大多采用公开叫价方式，而我国采用电子撮合方式。

一般期货合约规定的标准化条款包括以下内容：

（1）标准化的数量和数量单位，如上海期货交易所规定每张铜期货合约的交易单位为 5 吨，每张合约我们习惯称之为 1 手，1 手是期货合约数量的最小单位。

（2）标准化的商品质量等级。在期货交易过程中，交易双方无需再就商品的质量进行协商，这大大方便了交易者。

（3）标准化的交割地点。期货交易所在期货合约中为期货交易的实物交割确定经交易所注册的统一的交割仓库，以保证双方交割顺利进行。

（4）标准化的交割期和交割程序。期货合约具有不同的交割月份，交易者可自行选择，一旦选定之后，在交割月份到来之时如仍未对冲掉手中合约，就要按交易所规定的交割程序进行实物交割。

（5）交易者统一遵守的交易报价单位、每日价格最大波动限制、交易时间、交易所名称等。

上海期货交易所阴极铜标准合约，见表 2-1。

表 2-1　　　　　　　　　　　　上海期货交易所阴极铜标准合约

交易品种	阴极铜
交易单位	5 吨/手
报价单位	元（人民币）/吨
最小变动价位	10 元/吨

交易品种	阴极铜
每日价格最大波动限制	不超过上一交易日结算价的±5%
合约交割月份	1—12 月
交易时间	9：00—11：30，13：30—15：00
最后交易日	合约交割月份的 15 日（遇法定假日顺延）
交割日期	最后交易日后连续五个工作日
交割品级	标准品：标准阴极铜，符合国标 GB/T467-1997 标准阴极铜规定，其中主成分铜加银含量不小于 99.95%
交割地点	交易所指定交割仓库
最低交易保证金	合约价值的 5%
交易手续费	不高于成交金额的 0.2‰（含风险准备金）
交割方式	实物交割
交易代码	CU
上市交易所	上海期货交易所

资料来源：上海期货交易所．铜期货合约交易操作手册．2013.

2.2 期货合约的基本条款

2.2.1 交易品种

交易品种是指期货合约交易的标的物。并不是所有的商品都适宜做期货交易，在众多的实物商品中，只有具备下列属性的商品才能作为期货合约的交易品种。

1）价格波动大

只有商品的价格波动较大，意图回避价格风险的交易者才需要利用远期价格先把价格确定下来。如果商品价格基本不变，如商品实行的是垄断价格或计划价格，商品经营者就没有必要利用期货交易固定价格或锁定成本。

2）供需量大

期货市场功能的发挥是以商品供需双方广泛参加交易为前提的，只有现货供需量大的商品才能在大范围内进行充分竞争，形成权威价格。

3）易于分级和标准化

期货合约事先规定了交割商品的质量标准，因此，期货品种必须是质量稳定的商品，否则，就难以进行标准化。

4）易于储存、运输

商品期货一般都是远期交割的商品，这就要求这些商品易于储存、不易变质，并且便于运输，保证期货实物交割的顺利进行。

知识链接2-1

上海期货交易所铜期货合约的交易品种为阴极铜，实际交易中简称铜。

2.2.2 交易单位

交易单位是指期货交易所交易的每手期货合约代表的标的商品的数量。

知识链接2-2

上海期货交易所规定，一手铜期货合约的交易单位为5吨。显然，一手这样的期货合约代表5吨铜，2手这样的期货合约代表10吨铜，以此类推。

2.2.3 报价单位

报价单位是指在买卖期货合约时，投资者报价所使用的单位，即每计量单位的货币价格。

知识链接2-3

上海期货交易所铜的报价单位以元（人民币）/吨表示，这里的计量单位为吨。例如，2014年9月9日，某投资者以44 780的价格买入上海期货交易所交易的2015年2月份交割的铜期货合约1手，这里的44 780就代表44 780元/吨。由于1手铜期货合约代表5吨铜，因此1手铜期货合约的价值为223 900元（44 780元/吨×5吨）。

2.2.4 最小变动价位

最小变动价位是指期货交易时买卖双方报价所允许的最小变动幅度，每次报价时价格的变动必须是这个最小变动价位的整数倍。

知识链接2-4

上海期货交易所铜期货合约的最小变动价位为10元/吨，也就是说，在进行交易时，投资者所申报的价格必须是10的整数倍，即价格的最后两位数应该是00，10，20，…，90。最小变动价位乘以交易单位，就是该合约价值的最小变动值，每手上海期货交易所铜期货合约价值的最小变动值是50元（10元/吨×5吨）。

2.2.5 每日价格最大波动限制

每日价格最大波动限制也称涨跌停板幅度，是指交易日期货合约的成交价格不能高于或低于该合约上一交易日结算价的一定幅度。

知识链接2-5

上海期货交易所规定，铜期货的每日价格最大波动不超过上一交易日结算价的±5%。例如，2014年9月9日，上海期货交易所交易的2015年2月份交割的铜期货合约结算价为44 780元/吨，则9月10日，该合约的跌停板价格为44 780×（1-5%）＝42 541（元/吨），涨停板价格为44 780×（1+5%）＝47 019（元/吨）。也就是说，投资者在9月10日交易该合约时，申报价格只能在43 440元/吨到46 130元/吨之间，否则交易所自动视其为无效申报。

2.2.6　合约交割月份

合约交割月份是指期货合约规定进行实务交割的月份。商品期货合约对进行实物交割的月份作了规定。一个期货交易所不仅有多个交易品种，而且单个品种也有不同的合约交割月份。某种商品期货合约交割月份的确定，一般由其生产、使用、消费等特点决定。例如，许多农产品期货的生产与消费具有很强的季节性，因而其交割月份的规定也具有季节性特点。此外，合约交割月份的确定还受该合约商品的储藏、保管、流通、运输方式和特点的影响，因此，有些品种的合约交割月份间隔较短，而有些则较长。

知识链接 2-6

上海期货交易所规定，铜期货合约的交割月份为 1—12 月，也就是说，正常情况下总是有交割月份从 1 月到 12 月的 12 张铜期货合约同时挂牌上市交易。例如，2014 年 3 月 6 日，上海期货交易所交易的铜期货合约为 Cu1403、Cu1404、Cu1405、Cu1406、Cu1407、Cu1408、Cu1409、Cu1410、Cu1411、Cu1412、Cu1501、Cu1502，这里的 Cu 代表铜，1403 代表合约交割时间为 2014 年 3 月，1501 代表合约交割时间为 2015 年 1 月，以此类推，显然这里最近交割月份的铜期货合约是 Cu1403，最远交割月份的铜期货合约是 Cu1502。若在 2014 年 3 月份过了最后交易日，Cu1403 合约被摘牌，则交易所将新增一个 Cu1503 铜期货合约，以保证市场上同时有交割月份为 1 月到 12 月的 12 张铜期货合约，那么最近交割月份的铜期货合约是 Cu1404，最远交割月份的铜期货合约是 Cu1503。

2.2.7　交易时间

我国各期货交易所只在工作日交易，周六、周日、国家法定节假日休市。

知识链接 2-7

上海期货交易所铜期货合约的交易时间为 9：00—11：30 和 13：30—15：00，具体交易时间安排如下：

08：55—08：59	集合竞价（接受客户委托，但不撮合）
08：59—09：00	撮合成交
09：00—10：15	正常交易
10：15—10：30	小节休息
10：30—11：30	正常交易
13：30—14：10	正常交易
14：10—14：20	小节休息
14：20—15：00	正常交易

另外，上海期货交易所对金属期货开展了夜市交易，具体规定如下：

黄金、白银的期货夜市交易时间是每周一至周五的 21：00 至次日 2：30。铜、铝、锌、铅的期货夜市交易时间为每周一至周五的 21：00 至次日 1：00，法定节假日（不含双休日）前的一个工作日的连续交易不再交易。

大连商品交易所焦炭（j），棕榈油（p）两个品种也有夜市交易，其集合竞价时段为 20：55—20：59，竞价撮合 20：59—21：00，连续交易时段为 21：00—次日 2：30。

2.2.8　最后交易日

最后交易日是指某一期货合约在合约交割月份中进行交易的最后一个交易日。

过了这个期限的未平仓期货合约必须进行实物交割。根据不同期货合约商品的生产、消费和交易特点，期货交易所确定其不同的最后交易日。

知识链接 2-8

上海期货交易所规定，铜期货合约的最后交易日为合约交割月份的 15 日（遇法定假日顺延）。例如，对于期货合约 Cu1411，按照上海期货交易所的规定，该合约最后交易日应定在 2014 年 11 月 15 日，但是 2014 年 11 月 15 日是星期六，因此，按照法定假日顺延的规则，合约 Cu1411 的最后交易日应定在 2014 年 11 月 17 日（星期一）。

2.2.9　交割日期

交割日期是期货合约中约定进行实物交割或现金交割的日期。

知识链接 2-9

上海期货交易所规定，铜期货的交割日期为最后交易日后连续五个工作日。例如，对于铜期货合约 Cu1408 来说，该合约的交割月份为 2014 年 8 月，最后交易日为合约交割月份的 15 日，其交割日期为 2014 年 8 月 16 日至 20 日，但由于 16 日是星期六，按照遇法定假日顺延的规定，合约 Cu1408 的交割日期应为 2014 年 8 月 18 日（星期一）至 22 日（星期五）。

2.2.10　交割品级

交割品级是指由期货交易所统一规定的、允许在交易所上市交易的合约商品的质量等级。在进行期货交易时，交易双方无需对商品的质量等级进行协商，发生实物交割时按交易所期货合约规定的标准质量等级进行交割。期货交易所在制定合约商品的等级时，常常采用国内或国际贸易中通用和交易量较大的标准品的质量等级为标准交割等级。

知识链接 2-10

上海期货交易所规定，参与交割的铜标准品为：标准阴极铜，符合国标 GB/T467-1997 标准阴极铜规定，其中主成分铜加银含量不小于 99.95%。

一般来说，为了保证期货交易顺利进行，许多期货交易所都允许在实物交割中，实际交割商品的质量等级与期货合约规定的标准交割等级有所差别，即允许用与标准品有一定等级差别的商品作为替代品。替代品的质量等级和品种一般也由期货交易所统一规定。用替代品进行实物交割时，价格需要升、贴水，如替代品等级高于标准品，即升水；反之，即贴水。

上海期货交易所规定，参与交割的铜替代品可以为：①高级阴极铜，符合国标 GB/T467-1997 高级阴极铜规定；②LME 注册阴极铜，符合 BSEN 1978：1998 标准（阴极铜等级牌号 Cu-CATH-1）。

2.2.11　交割地点

交割地点是指由期货交易所统一规定的、进行实物交割的指定交割仓库。

由于在商品期货交易中大多涉及大宗实物商品的交割，因此统一指定交割仓库可以保证卖方交付的商品符合期货合约规定的数量与质量等级，保证买方收到符合期货合约规定的商品，防止商品在储存与运输过程中出现损坏现象。一般来说，期货交易所在指定交割仓库时主要考虑的因素有：指定交割仓库所在地区的生产或消费集中程度、储存条件、运输条件以及质检条件等。

知识链接 2-11

上海期货交易所指定的铜交割仓库主要有上海国储天威仓储有限公司、中储发展股份有限公司、上海期晟储运管理有限公司等大型仓储物流公司的仓库。

2.2.12　最低交易保证金

交易保证金是期货交易所规定的、交易者按合约价值的一定比例缴纳的履约保证金。之所以称之为最低，是由于在一个期货合约的生命周期中，期货交易所在市场交易异常或者合约到期日临近时，为了防范结算风险，会相应地在最低保证金基础上提高保证金比例，也就是说，合约中约定的保证金比例是最低的。

知识链接 2-12

上海期货交易所规定，铜期货合约的最低保证金比例为合约价值的5%。

2.2.13　交易手续费

交易手续费是期货交易所按成交合约金额的一定比例或按成交合约的张数收取的费用。对于交易手续费的收取标准，不同的期货交易所有不同的规定。交易手续费的高低对市场流动性有一定影响，交易手续费过高，会增加期货市场的交易成本，降低市场的交易量，不利于市场的活跃，但也可起到抑制过度投机的作用。

知识链接 2-13

上海期货交易所规定，铜期货合约的交易手续费为：不高于成交金额的万分之二（含风险准备金）。

2.2.14　交割方式

一般来讲，期货交割的方式有两种：实物交割和现金交割。

实物交割是指期货合约的买卖双方于合约到期时，根据交易所制定的规则和程序，通过期货合约标的物的所有权转移，将到期未平仓合约进行了结的行为。商品期货交易一般采用实物交割的方式。

由于期货交易不是以现货买卖为目的，而是以买卖合约赚取差价来达到保值的目的，因此，实际上在期货交易中真正进行实物交割的合约并不多。交割过多，表明市场流动性差；交割过少，表明市场投机性强。在成熟的国际商品期货市场上，交割率一般不超过5%，我国期货市场的交割率一般也在3%以下。

现金交割是指到期未平仓期货合约进行交割时，用结算价格来计算未平仓合约的盈亏，以现金支付的方式最终了结期货合约的交割方式。这种交割方式主要用于金融期货等期货标的物无法进行实物交割的期货合约，如股票指数期货合约等。近年来，国外一些交易所也探索将现金交割的方式用于商品期货。我国商品期货市场不允许进行现金交割。

2.2.15　交易代码

为了便于交易，每个期货品种都有交易代码。

知识链接2-14

上海期货交易所铜期货合约的交易代码为：Cu。

2.2.16　上市交易所

上市交易所是指挂牌交易该期货合约的期货交易所名称。

案例分析2-1

热轧卷板期货临危受命

煤炭、焦炭、钢铁系列品种不断下跌之时，热轧卷板期货在3月21日正式上市，让产业链企业看到了希望。

同行不同"命"

与2009年螺纹钢期货上市的背景不同，热轧卷板期货上市正值钢材行业深陷困境之时。产能过剩、资金紧张、亏损面扩大，企业的处境越来越困难。在这样的背景下，作为钢材第二大品种，热轧期货上市为企业规避风险提供了帮助。

2009年螺纹钢期货上市恰逢国家4万亿元投资时期，行业整体盈利状况较好，但很多企业当时并不需要套期保值，期货的上市更像是为行业锦上添花。

数据显示，由于市场流动性充裕，螺纹钢期货在上市第一年成交量就超过了当时的明星品种铜，成为上海期货交易所第一大品种。

热轧卷板期货上市一周后，持仓总量约为6.6万手，虽然成交尚显活跃，但成交量却仍远远落后于螺纹钢。数据显示，上周螺纹钢期货的持仓维持在20万手以上。专业人士赵刚向记者分析，目前市场资金状况比较紧张，期货市场的存量资金基本保持不变，这限制了新期货品种的成交水平。而螺纹钢则由于成交量大、流动性佳而成为程序化交易与投机首选的商品期货品种。追逐流动性的投机者已经习惯于螺纹钢期货交易，对于热轧期货这一品种还需要一段时间来熟悉，再加上市场整体资金的紧张，短期热轧的成交量很难突破10万手。如果当初热轧卷板与螺纹钢期货一起上市，可能二者的成交状况就不会出现如此大的差异。

完善煤钢铁期货体系

其实热轧卷板下游应用领域比产量排名第一的螺纹钢更加广泛，汽车、造船、五金、机械等行业均需要大量的热轧卷板。

随着期货市场的不断成熟，钢材板块期货价格的影响力不断增强，企业也越来越重视期货价格，很多贸易商都开始参考期货的价格来对现货进行定价。因此对于热轧期货的呼声也越来越高。

3月25日召开的国务院常务会议，重点强调将推进期货市场建设，继续推出大宗资源性产品期货品种，增强期货市场服务实体经济的能力。

热轧卷板期货显然就是响应国务院政策的先行者。随着国内对期货行业重视程度的加强，期货的定价功能、风险对冲作用越来越被认可。

虽然螺纹钢期货发展较成熟，但其主要应用在建筑行业，非建筑行业钢材的风险难以直接对冲，而热轧卷板期货的上市将弥补这一短板。

目前国内主要的大中型钢铁企业生产仍以板材为主，生产热轧卷板为主的大型企业以宝钢为代表。虽然螺纹钢期货上市已经 5 年，但这些大企业在期货市场的参与度并不高，其主要产品并非是螺纹钢成为主要原因。行业内人士甚至认为，热轧卷板才是所有产品的基础定价产品。在热轧卷板期货上市之前，企业只能通过参与热轧卷板电子盘交易来对冲风险。热轧卷板期货上市才意味着钢铁全产业链期货品种体系的完成。

热轧卷板期货"新时代"

热轧卷板的产能较为集中，且保质期较长，相比螺纹钢，热轧卷板的仓储优势明显。以华南地区为例，适逢雨季或者大雾天，螺纹钢在露天仓库中堆放两三个月就会锈迹斑斑，而交易所也规定仓单有效期只有 90 天，但热轧卷板在同样的环境放上一年也可以照常使用，这就决定了热轧卷板融资属性比螺纹钢更强。

热轧卷板期货登陆市场后，一些钢材企业甚至可以在现金流比较紧张的时候，通过注册标准仓单来进行融资。

除了仓单融资，热轧卷板期货的上市令钢材企业的贸易模式也发生了较大的变化。以板材贸易为例，贸易商从钢厂拿货时需要支付 10% 以上的预付款，且只能被动接受钢厂定价。而拿到货之后，贸易商还面临价格下跌的风险。因此，只要每吨利润空间可以达到几十元，贸易商就会赶快出货，在价格下跌较快时，即便亏损也会卖。

按照上海期货交易所的规定，热轧卷板期货交易保证金收取比例暂定为合约价值的6%，期货公司一般会再加 3 个百分点，正常交易日保证金不会超过 10%，这意味着行业下游的需求可以通过期货市场来订货，即便将来不进行交割，期货市场的盈利也可以弥补现货市场的亏损。

对于上游的钢材厂商来说，一线大型钢厂仍每月自主定价，但二三线钢厂已经跟随期货市场风向而动。从去年开始，由于市场不景气，很多钢材贸易商采取消极不订货的模式，因此钢厂的风险也很大，即便是大型钢厂，当前定价也不会过分偏离期货市场价格。

记者采访了多家热轧企业，数名相关负责人表示，期货对现货经营影响越来越大，即便现在不参与期货交易，也会保持对期货市场的关注。部分企业已经开始通过期货来调节库存水平，并在报价方面参考期货价格。

对于热轧卷板期货的前景，多位业内人士均表示，该品种不会重蹈线材期货上市后鲜有成交的覆辙。虽然目前资金面较为紧张，但热轧卷板期货对国内主要的热轧电子交易平台冲击较大，未来资金从小型电子交易平台流向期货市场的概率很大。

资料来源：佚名. 热轧卷板期货临危受命［N］. 新金融观察，2014-03-30.

问题：根据上述案例，结合期货合约的主要条款，谈一谈热轧卷板期货合约产生的原因。

分析提示：热轧卷板期货合约上市的背景。

知识掌握

2.1　什么是期货合约？期货合约有哪些特征？

2.2　作为期货交易的品种应具备哪些属性？

2.3　什么是交易单位？什么是报价单位？

2.4　什么是期货合约的交割月份？什么是最后交易日？什么是交割日期？

2.5　什么是期货交易的每日价格最大波动限制？

2.6　什么是实物交割？什么是现金交割？

知识应用

□ 案例分析

甲醇合约设计切合市场需求

甲醇期货将于明日上市交易，鉴于该品种的特殊性，一些业内人士对甲醇期货的交割、交易等环节可能面临的问题提出了自己的疑虑。对此，郑商所昨日通过视频会议的方式对该品种的合约设计以及相关规则进行了说明。

合约设计考虑流动性因素

据悉，按照抑制过度投机的思路，郑商所曾提出将该品种的交易单位定为100吨/手，但考虑到国内甲醇产业链上中小企业居多，如果一次建仓过多风险必然加大，不利于企业参与，因此改为现在的50吨。据郑商所品种发展部助理总监汪琛德称，从合约价值看，目前一手甲醇15万元左右的门槛并不高，且50吨基本相当于两辆甲醇运输车的运力，也便于交割。

在价格变动方面，汪琛德表示，通过对与甲醇价格变动范围类似的期货品种分析发现，与甲醇价格变动范围整体相似的豆粕、在甲醇价格变动范围下档区的优质强筋小麦及早籼稻、在甲醇价格变动范围上档区的白糖及大豆，其最小变动价位均为1元/吨。

"其实采用1元的变动价位也是出于增加流动性的考虑。"汪琛德称，每变动一个价位，一手甲醇期货就能产生50元的价差，除去交易所双边20元的手续费和期货公司加收的部分费用后，肯定还有盈余。

进口甲醇无升贴水

据了解，目前进口的天然气制甲醇约占国内消费量的四分之一，且品质较好。据中原大化的销售部负责人牛立波介绍，虽然进口甲醇和国产甲醇都能达到郑商所规定的优质品交割标准，但用进口甲醇生产的二甲醚、甲醛等下游产品纯度更高，因此也较受市场青睐。

不过，目前郑商所对于这两种甲醇并没有升贴水设置，因此一些业内人士也产生了疑惑。浙商期货的徐涛认为，如果没有升贴水，同等价位上，卖方很可能选择用质量较差的国产甲醇交货，这样会不会降低使用进口甲醇的企业参与期市的积极性呢？对此汪琛德表示，甲醇的消费在很大程度上受地域性限制。江浙等沿海省份多使用进口甲醇，河南、山东等省的内陆地区多使用国产煤制甲醇，两个市场很难互相渗透。"甲醇的成本中有15%~20%来自运输费用，如果从河南、山东等地运货到江苏交割，成本跟进口甲醇的价格也相差无几，因此不会出现江苏的交割库难觅进口甲醇交货的情况。"

资料来源：佚名. 甲醇合约设计切合市场需求［N］. 期货日报，2011-10-27.

问题：根据甲醇期货合约的设计，谈一谈期货合约主要条款的含义。

分析提示：参考上海期货交易所铜合约的主要条款，结合甲醇期货合约来论述。

□ 实践训练

熟悉上海期货交易所铝期货合约。

要求：

①登录上海期货交易所网站，浏览上海期货交易所铝期货合约的内容。

②分组讨论铝期货合约的主要条款。

第3章 期货交易所规则

学习目标

在学习完本章之后，你应该能够：了解期货交易所的结算规则；熟知期货交易所的风险控制规则。

引例

中国金融期货交易所发布股指期货《交易规则》

人民网上海 6 月 27 日电（记者谢卫群）经中国证监会批准，中国金融期货交易所（以下简称"中金所"）2007 年 6 月 27 日正式发布股指期货《交易规则》，其配套实施细则亦于同日发布。

中金所《交易规则》和《违规违约处理办法》日前获得中国证监会批准，于 27 日正式发布。中金所同时发布的配套实施细则还包括《交易细则》、《结算细则》、《结算会员结算业务细则》、《会员管理办法》、《风险控制管理办法》、《信息管理办法》、《套期保值管理办法》。

《交易规则》及其实施细则的正式发布，是股指期货准备工作中的阶段性成果，标志着股指期货的准备工作取得了重大进展。在《交易规则》及其实施细则出台之后，市场参与各方将依据相关规则加快准备工作，推动股指期货的上市进程。

此次《交易规则》及其实施细则的正式发布，标志着中金所的规则体系和风险管理制度已经建立，金融期货的法规体系基本完备，金融期货的诞生具备了坚实的法规基础。据了解，《交易规则》及其实施细则从 2006 年 3 月开始起草，在整个制定过程中，中金所广泛征求了国内外专家的意见和建议，并两次向全社会大规模公开征求意见。在综合考虑各方反馈意见和建议，并经过仿真交易的充分检验之后，才形成了此次公布的完整的规则体系。

资料来源：谢卫群. 中国金融期货交易所发布股指期货《交易规则》[EB/OL] .（2007-06-28）. http：//www. people. com. cn/.

这一案例表明：为了保障期货交易顺利进行，防范期货市场风险，期货交易所都制定了严格且完善的规则。

3.1　结算规则

3.1.1　结算的概念

结算规则是为规范期货交易所期货交易的结算行为，保护期货交易当事人的合法权益和社会公众利益，防范和化解期货市场的风险而制定的。

结算是指根据交易结果和交易所有关规定对交易所会员交易保证金、盈亏、手续费、交割货款及其他有关款项进行计算、划拨的业务活动。一般而言，交易所的结算实行保证金制度、每日无负债结算制度和风险准备金制度等，交易所只对会员进行结算，经纪会员对投资者进行结算。

期货交易的结算是由专门的结算机构来进行的，我国的结算机构是各交易所内设置的结算部。结算部负责交易所期货交易的统一结算、保证金管理、风险准备金管理及结算风险的防范。

结算机构的主要职责是：控制结算风险；登录和编制会员的结算账表；办理资金往来汇划业务；统计、登记和报告交易结算情况；处理会员交易中的账款纠纷；办理交割结算业务；按规定管理风险准备金。

交易所还指定结算银行来协助交易所办理期货交易结算业务。交易所在各结算银行开设专用的结算账户，用于存放会员的保证金及相关款项。会员须在结算银行开设专用资金账户，用于存放保证金及相关款项。交易所与会员之间期货业务资金的往来通过交易所专用结算账户和会员专用资金账户办理。交易所对会员存入交易所专用结算账户的保证金实行分账管理，为每一位会员设立明细账户，按日序时登记核算每一位交易会员的出入金、盈亏、交易保证金、手续费等。经纪会员对投资者存入会员专用资金账户的保证金实行分账管理，为每一投资者设立明细账户，按日序时登记核算每一投资者的出入金、盈亏、交易保证金、手续费等。

3.1.2　每日无负债结算制度

每日无负债结算制度又称逐日盯市制度，是指每日交易结束后，交易所按当日结算价结算所有合约的盈亏、交易保证金及手续费、税金等费用，对应收应付的款项实行净额一次划转，相应增加或减少会员的结算准备金。

当日结算价是指某一期货合约当日成交价格按照成交量的加权平均价。当日无成交价格的，以上一交易日的结算价作为当日结算价。

当日盈亏在每日结算时进行划转，当日盈利划入会员结算准备金，当日亏损从会员结算准备金中扣划。

当日结算时的交易保证金超过前一日结算时的交易保证金部分从会员结算准备金中扣划，当日结算时的交易保证金低于昨日结算时的交易保证金部分划入会员结算准备金。

手续费、税金等各项费用从会员的结算准备金中扣划。

结算准备金余额的具体计算公式如下：

$$\begin{array}{c}\text{当日结算}\\\text{准备金}\\\text{余额}\end{array} = \begin{array}{c}\text{上一交易日}\\\text{结算准备}\\\text{金余额}\end{array} + \begin{array}{c}\text{上一交}\\\text{易日交易}\\\text{保证金}\end{array} - \begin{array}{c}\text{当日交}\\\text{易保}\\\text{证金}\end{array} + \begin{array}{c}\text{当日权利凭证}\\\text{作为保证金的}\\\text{实际可用金额}\end{array} - \begin{array}{c}\text{上一交易日权利}\\\text{凭证作为保证金的}\\\text{实际可用金额}\end{array} + \begin{array}{c}\text{当日}\\\text{盈亏}\end{array} + \begin{array}{c}\text{入}\\\text{金}\end{array} - \begin{array}{c}\text{出}\\\text{金}\end{array} - \begin{array}{c}\text{手}\\\text{续}\\\text{费}\end{array}$$

保证金一般以货币资金缴纳，我国期货交易所规定也可用上市流通国库券、标准仓单等来折抵期货保证金。例如，上海期货交易所规定，以标准仓单作为保证金的，按该品种最近交割月份期货合约的当日结算价为基准价核算其市值，作为保证金的金额不高于标准仓单市值的80％。

知识链接3-1

什么是标准仓单

标准仓单特指大连商品交易所、郑州商品交易所或上海期货交易所制定的，交易所指定交割仓库在完成入库商品验收、确认合格后签发给货主并在交易所注册，可在交易所流通的实物提货凭证。

资料来源：根据《上海期货交易所标准仓单管理办法》相关资料整理。

结算完毕后，会员的结算准备金低于最低余额时，该结算结果即视为交易所向会员发出的追加保证金通知，两者的差额即为追加保证金金额。

交易所发出追加保证金通知后，可通过结算银行从会员的专用资金账户中扣划。若未能全额扣款成功，会员必须在下一交易日开市前补足至结算准备金最低余额。未补足的，若结算准备金余额大于零而低于结算准备金最低余额，不得开新仓；若结算准备金余额小于零，则交易所将按相关规定进行处理。

交易所可根据市场风险和保证金变动情况，在交易过程中进行结算并发出追加保证金通知，会员须在通知规定的时间内补足追加保证金。未按时补足的，按相关规定处理。

3.2　风险控制规则

为加强期货交易风险管理，维护交易当事人的合法权益，期货交易所一般都制定完整的风险控制规则，交易所风险管理实行保证金制度、涨跌停板制度、投机头寸限仓制度、大户报告制度、强行平仓制度、风险警示制度等。

3.2.1　保证金制度

在期货交易中，任何交易者都必须按照其所买卖期货合约价值的一定比例（通常为5％～10％）缴纳资金，作为其履行期货合约的财力担保，然后才能参与期货合约的买卖，并视价格变动情况确定是否追加资金。这种制度就是保证金制度，所交的资金就是保证金。

保证金制度既体现了期货交易特有的"杠杆效应"，同时也成为交易所控制期货交易风险的一种重要手段。

知识链接3-2

上海期货交易所的保证金制度

以上海期货交易所为例，交易所实行保证金制度。保证金分为结算准备金和交易保证金。结算准备金是指会员为了交易结算在交易所专用结算账户中预先准备的资金，是未被合约占用的保证金，会员可以自由划出，但不得低于最低余额。期货经纪公司会员结算准备金最低余额为200万元，以期货经纪公司会员自有资金足额缴纳。交易保证金是指会员存入交易所专用结算账户中确保合约履行的资金，是已被合约占用的保证金，交易保证金属已冻结资金，无法自由支配。当买卖双方成交后，交易所按持仓合约价值的一定比率向双方收取交易保证金。

　　资料来源：根据《上海期货交易所风险控制管理办法》相关资料整理。

　　另外，经纪会员代理投资者交易，须向投资者收取的交易保证金，习惯上称为客户交易保证金，经纪会员向投资者收取的客户交易保证金不得低于交易所向会员收取的交易保证金。

　　以上海期货交易所为例，铜期货合约的最低交易保证金为合约价值的 5%。

　　在铜期货合约的交易过程中，当出现下列情况时，交易所可以根据市场风险调整其交易保证金水平：

　　（1）持仓量达到一定的水平时；

　　（2）临近交割期时；

　　（3）连续数个交易日的累计涨跌幅达到一定水平时；

　　（4）连续出现涨跌停板时；

　　（5）遇国家法定长假时；

　　（6）交易所认为市场风险明显增大时；

　　（7）交易所认为必要的其他情况。

　　交易所根据铜期货合约持仓的不同数量和上市运行的不同阶段（即从该合约新上市挂牌之日起至最后交易日止）制定不同的交易保证金收取标准。具体规定如下：

　　其一，交易所根据合约持仓大小调整交易保证金比例的方法。

知识链接 3-3

上海期货交易所铜期货合约持仓量变化时的交易保证金收取标准

上海期货交易所铜期货合约保证金收取标准见表 3-1。

表 3-1　　　　　　　　铜期货合约持仓量变化时的交易保证金收取标准

从进入交割月前第三个月的第一个交易日起， 当持仓总量（X）达到下列标准时	铜交易保证金比例 （%）
X≤24 万手	5
24 万手<X≤28 万手	6.5
28 万手<X≤32 万手	8
X>32 万手	10

　　注：（1）X 表示某一月份合约的双边持仓总量。

　　（2）根据《关于印发黄金、白银、螺纹钢等 3 个期货合约和连续交易细则等 7 个实施细则修订案的公告》（2013 年 6 月版）。

　　资料来源：根据上海期货交易所的相关资料整理。

　　交易过程中，当某一期货合约持仓量达到某一级持仓总量时，暂不调整交易保证金收取标准。当日结算时，若某一期货合约持仓量达到某一级持仓总量，则交易所对该合约全部持仓收取与持仓总量相对应的交易保证金，保证金不足的，应当在下一个交易日开市前追加到位。

其二，交易所根据合约上市运行的不同阶段（是否临近交割期）调整交易保证金的方法。

知识链接3-4

上海期货交易所铜期货合约上市运行不同阶段的交易保证金收取标准

上海期货交易所铜期货合约保证金收取标准见表3-2。

表3-2　　　　铜期货合约上市运行不同阶段的交易保证金收取标准

交易时间段	铜交易保证金比例（%）
合约挂牌之日起	5
交割月前第一月的第一个交易日起	10
交割月份的第一个交易日起	15
最后交易日前第二个交易日起	20

资料来源：根据《关于印发黄金、白银、螺纹钢等3个期货合约和连续交易细则等7个实施细则修订案的公告》（2013年6月版）整理。

3.2.2　涨跌停板制度

涨跌停板制度是指期货合约在一个交易日中的成交价格不能高于或低于以该合约上一交易日结算价为基准的某一涨跌幅度，超过该范围的报价将被视为无效报价，不能成交。在涨跌停板制度下，前一交易日结算价加上允许的最大涨幅构成当日价格上涨的上限，称为涨停板；前一交易日结算价减去允许的最大跌幅构成当日价格下跌的下限，称为跌停板。因此，涨跌停板又叫每日价格最大波动幅度限制。涨跌停板的幅度有百分比和固定数量两种形式，如上海金属交易所的铜、铝涨跌停板幅度为5%，涨跌停板的绝对幅度随前一交易日结算价的变动而变动；而郑州商品交易所曾经的绿豆合约则是以前一交易日结算价为基准，上下波动1 200元/吨作为涨跌停板幅度。

涨跌停板制度与保证金制度相结合，对于保障期货市场的运转、稳定期货市场的秩序以及发挥期货币场的功能具有十分重要的作用。

（1）保障保证金制度有效实施。涨跌停板的幅度锁定了客户及会员单位每一交易日可能新增的最大亏损，从而使期货交易的保证金制度得以有效实施。一般情况下，期货交易所向会员收取的保证金要大于在涨跌幅度内可能发生的亏损金额，从而保证当日在期货价格的变动达到涨跌停板幅度时也不会出现透支情况。

（2）防止价格暴涨暴跌。涨跌停板制度的实施，可以有效地减缓和抑制突发事件和过度投机行为对期货价格的冲击，给市场一定的时间来充分化解这些因素对市场所造成的影响，防止价格的暴涨暴跌，维护正常的市场秩序。

（3）更好地发挥期货市场的功能。涨跌停板制度使期货价格在更为理性的轨道上运行，从而使期货市场更好地发挥价格发现的功能。市场供求关系与价格间的相互作用应该是一个渐进的过程，但期货价格对市场信号和消息的反应有时却过于灵敏。通过实施涨跌停板制度，可以延缓期货价格波幅的实现时间，从而更好地发挥期货市场价格发现的功能，在实际交易过程中，当某一交易日以涨跌停板收盘后，下一交易日价格的波幅往往会缩小，甚至出现反转，这种现象恰恰充分说明了涨跌停板制度的上述作用。

（4）控制风险。在出现过度投机和操纵市场等异常现象时，调整涨跌停板幅度往往成为交易所控制风险的一个重要手段。例如，当交割月出现连续无成交量而价格跌停板的单边市场行情时，通过适度缩小跌停板幅度，可以减小价格下跌的速度和幅度，把交易所、会员单位及交易者的损失控制在相对较小的范围之内。

【例3-1】某客户在 7 月 2 日买入上海期货交易所铝 9 月期货合约一手，价格为 15 050元/吨，该合约当天的结算价格为 15 000 元/吨。一般情况下，该客户在 7 月 3 日最高可以按照什么价格将该合约卖出？

$$涨停板价格 = 上一交易日结算价 \times （1 + 每日价格最大波动上限）$$
$$= 15\ 000 \times （1 + 3\%）$$
$$= 15\ 450 （元/吨）$$

3.2.3 投机头寸限仓制度

期货交易所为了防止市场风险过度集中于少数交易者和防范操纵市场行为，实行投机头寸限仓制度。限仓是指交易所规定会员或投资者可以持有的，按单边计算的某一合约投机头寸的最大数额。一般情况下，为了使合约期满日的实物交割数量不至于过大，引发大面积交割违约风险，距离合约交割期越近，会员和客户的合约持仓限量越小。

知识链接 3-5

上海期货交易所的限仓制度

上海期货交易所限仓实行以下基本制度：

1. 根据不同期货品种的具体情况，分别确定每一品种每一月份合约的限仓数额；

2. 某一月份合约在其交易过程中的不同阶段，分别适用不同的限仓数额，进入交割月份的合约限仓数额从严控制；

3. 采用限制会员持仓和限制投资者持仓相结合的办法，控制市场风险；

4. 套期保值交易头寸实行审批制。

表 3-3 为上海期货交易所铜期货合约在三个不同阶段，即合约挂牌至交割月前第二月的最后一个交易日（一般月份）、交割月前第一月、交割月份的限仓比例和持仓限额，其中的 12 万手按双向持仓量计算，其他的手数按单向持仓量计算。

表 3-3　　　　　　　　铜期货合约在不同时期的限仓比例和持仓限额规定　　　　　　单位：手

合约挂牌至交割月前第二月的最后一个交易日			交割月前第一月			交割月份		
限仓比例（%）			期货公司会员	非期货公司会员	客户	期货公司会员	非期货公司会员	客户
铜期货合约持仓量	期货公司会员	非期货公司会员	客户					
≥12 万手	25	10	5	8 000	1 200	800	3 000	500	300

注：表中某一期货合约持仓量为双向计算，期货公司会员、非期货公司会员、客户的持仓限额为单向计算；期货公司的持仓限额为基数。

资料来源：根据《上海期货交易所章程、交易规则及实施细则汇编》（2012 年 6 月版）整理。

3.2.4　大户报告制度

大户报告制度是与限仓制度紧密相关的另外一个控制交易风险、防止大户操纵市场行为的制度。期货交易所建立限仓制度后，当会员或客户某品种持仓合约的投机头寸达到交易所对其规定的投机头寸持仓限量的80%以上（含本数）时，必须向交易所申报。申报的内容包括客户的开户情况、交易情况、资金来源、交易动机等等，便于交易所审查大户是否有过度投机和操纵市场行为以及大户的交易风险情况。

3.2.5　强行平仓制度

所谓强行平仓制度，是指交易所按有关规定对会员、投资者持仓实行强行平仓的一种强制性风险控制措施，具体是指在出现特殊情况时交易所对会员、投资者的持仓予以强制性对冲以了结部分或全部持仓的行为。强行平仓制度的实行，能及时制止风险的扩大和蔓延。

> 知识链接3-6

上海期货交易所的强行平仓制度

上海期货交易所规定，当会员、投资者出现下列情况之一时，交易所对其持仓实行强行平仓：

1. 会员结算准备金余额小于零，并未能在规定时限内补足的。
2. 持仓量超出其限仓规定的。
3. 因违规受到交易所强行平仓处罚的。
4. 根据交易所的紧急措施应予强行平仓的。
5. 其他应予强行平仓的情况。

资料来源：根据《上海期货交易所风险控制管理办法》相关资料整理。

> 案例分析3-1

聚丙烯期货合约风险控制制度设计解读

聚丙烯市场具有周期性，其景气周期与宏观经济周期有关，并受到国际原油、生产成本、供需变化、库存等的影响，因此加强上市后的市场监管和风险控制十分必要。据大连商品交易所（简称"大商所"）介绍，针对聚丙烯市场的具体情况，他们提出了保障期货价格发现效率、借鉴成熟品种有效经验、维护市场正常的流动性这3项原则来预防聚丙烯上市可能面临的风险，并提出了多项控制制度来保障聚丙烯期货市场良好的运转。

第一，大商所对于聚丙烯期货交易采取涨跌停板制度。在设计该制度时，大商所除参考其他商品期货合约的涨跌停板制度外，更重要的是分析我国聚丙烯现货价格波动率情况。目前，华东地区现货贸易最为活跃，价格更具代表性。以浙江余姚地区的日交易价格为代表，2010—2012年的聚丙烯现货历史价格波动情况在正向和负向上的最大波动幅度分别为4.4%和-8%，波动幅度绝对值不超过4%的概率为99.76%，其中波动幅度绝对值低于3%的概率为99.06%。根据涨跌停板和保证金水平设置的原则，聚丙烯期货的涨跌停板设置为4%。当聚丙烯期货合约出现连续停板时，交易所将提高涨跌停板幅度和保证金水平，出现第一个停板当天的交易保证金维持在5%，其后第一个交易日的停板幅度调整至6%，保证金按照合约价值的8%收取，若出现第二个停板，则其后第二个交易日的停板幅度调整至 8%，保证金按照合约价值的 10% 收取。根据聚丙烯现货市场的运行情况来看，上述停板幅度设置能够保证触板的概率较低，可以有效释放市场风险，同时保证金水平可以保证市场安全运行。

当聚丙烯期货某合约在某一交易日和随后的两个交易日（分别记为第 N、N+1、N+2 个交易日）出现同方向涨（跌）停板单边无连续报价的情况时，若第 N+2 个交易日是该合约的最后交易日，则该合约直接进入交割；若第 N+3 个交易日是该合约的最后交易日，则第 N+3 个交易日该合约按第 N+2 个交易日的涨跌停板和保证金水平继续交易。除上述两种情况外，交易所可在第 N+2 个交易日根据市场情况决定并公告，在第 N+3 个交易日，对该合约实施以下任意一种或几种措施化解市场风险，包括交易所采取单边或双边、同比例或不同比例、部分会员或全部会员提高交易保证金，暂停部分会员或全部会员开新仓，调整涨跌停板幅度，限制出金，限期平仓。交易所也可以在第 N+2 个交易日收市后，进行强制减仓。

第二，大商所采用保证金制度来加强聚丙烯期货的风险管理。通常，一般月份的交易保证金设为 5%。目前，大商所各品种最低交易保证金标准均为其涨跌停板幅度的 1.25 倍，并对临近交割的聚丙烯期货合约的保证金进行梯度设计，交易保证金也随着合约持仓量的变化进行调整。

聚丙烯期货沿用大商所上市品种已有做法，实行限仓制度。对于期货公司会员，聚丙烯合约的市场总持仓量超过某一规模前，期货公司会员聚丙烯合约持仓不受限制；超过某一规模后，按照市场总持仓量的一定比例确定限仓数额。对于非期货公司会员和客户，某一月份合约在其交易过程中的不同阶段，适用不同的限仓数额或比例，进入交割月份的合约限仓数额从严控制。大商所认为，在合约运行的不同阶段，对非期货公司会员和客户采取阶梯式限仓，既可以满足产业客户套期保值的需求，又能在临近交割月份时，严格控制合约持仓，有效防范市场运行风险。

通过对聚丙烯企业生产规模的调研，大商所规定聚丙烯期货交割月起非期货公司会员和客户限仓设置为 2 500 手。按照比例，交割月前一个月设为 5 000 手，一般月份限仓为 20 000 手。

第三，大商所采取大户报告制度、强制减仓制度和异常情况处理制度来控制风险。大户报告制度是指当会员或客户某品种合约持仓中投机头寸达到交易所对其规定的投机头寸持仓限量的 80%（含以上）时，会员或客户应向交易所报告其资金情况、头寸情况，客户须通过期货公司会员报告。交易所可根据市场风险状况，调整改变持仓报告的水平。而强制减仓是指当出现连续同方向 3 个停板时，交易所在第三个停板日收市后，将以涨跌停板价申报的未成交平仓报单，以当日涨跌停板价与该合约净持仓盈利客户按持仓比例自动撮合成交。同一客户持有双向头寸，则其净持仓部分的平仓报单参与强制减仓计算，其余平仓报单与其对锁持仓自动对冲。在期货交易过程中，当出现类似于地震、水灾、火灾等不可抗力或计算机系统故障等不可归责于交易所的原因导致交易无法正常进行的情况时，交易所可以宣布进入异常情况，并在采取紧急措施前上报中国证监会。交易所宣布进入异常情况并决定暂停交易时，暂停交易的期限不得超过 3 个交易日，但经中国证监会批准延长的除外。

资料来源：根据《中国化工报》2014 年 3 月 10 日相关报道及大连商品交易所相关资料整理。

问题：大连商品交易所在聚丙烯期货交易中采取了哪些风险控制措施？

分析提示：保证金制度、涨跌停板制度、大户报告制度等。

3.2.6 风险警示制度

风险警示制度是指当交易所认为必要时，可以分别或同时采取要求报告情况、谈话提醒、书面警示、公开谴责、发布风险警示公告等措施中的一种或多种，以警示和化解风险。

知识链接3-7

上海期货交易所的风险警示制度

上海期货交易所规定，出现下列情形之一的，交易所可以约见指定的会员高管人员或投资者谈话提醒风险，或要求会员或投资者报告情况：期货价格出现异常；会员或投资者交易异常；会员或投资者持仓异常；会员资金异常；会员或投资者涉嫌违规、违约；交易所接到投诉涉及会员或投资者；会员涉及司法调查；交易所认定的其他情况。发生下列情形之一的，交易所可以发出风险警示公告，向全体会员和投资者警示风险：期货价格出现异常；期货价格和现货价格出现较大差距；国内期货价格和国际市场价格出现较大差距；交易所认定的其他异常情况。

资料来源：根据《上海期货交易所风险控制管理办法》相关资料整理。

案例分析3-2

"327"国债期货事件反思

在中国的期货史上，对我国期货市场的发展路径产生深远影响的事件莫过于"327"国债期货事件，它不仅影响了金融期货的上市时间和方式，也对商品期货的发展产生了多方面的负面影响。

"327"是上海证券交易所（以下简称"上证所"）国债期货的代号，对应1992年发行1995年6月到期兑付的3年期国库券。该期国债9.5%的票面利息加保值补贴率，每百元债券到期应兑付132.00元。与当时的银行存款利息和通货膨胀率相比，"327"的回报太低了。1995年2月23日，提高"327"国债利率的传言得到证实，百元面值的"327"国债将按148.50元兑付。当日，"327"国债10分钟内共涨了3.77元。"327"国债每上涨1元，万国证券就要赔进十几亿元。按照它的持仓量和现行价位，一旦到期交割，它将要拿出60亿元资金。毫无疑问，万国证券没有这个能力。万国证券的总裁管金生铤而走险，16时22分13秒突然发难，砸出1 056万口卖单，把价位从151.30元打到147.50元，使当日开仓的多头全线爆仓。若以收盘时的价格来计算，这一天做多的机构将血本无归，而万国证券不仅能够摆脱掉危机，并且还可以赚到42亿元。当夜，上海证券交易所宣布23日16时22分13秒之后的所有"327"品种的交易异常，是无效的，该部分不计入当日结算价、成交量和持仓量的范围。

"327"国债事件的直接后果是这一当时最大的证券公司被申银证券公司合并。令人遗憾的是，在同一天，即1995年2月23日，中国证监会、财政部通过了《国债期货交易管理暂行办法》，想要规范国债期货市场，但发布同日的"327"国债风险事件导致国债期货夭折。1995年5月17日，在《国债期货交易管理暂行办法》发布不到3个月，即发布了《关于暂停国债期货交易的紧急通知》。可以说，"327"国债期货事件中断了中国的金融期货试点。

对"327"国债期货风波的反思：

其一，缺少必要市场条件的金融期货品种本身就蕴藏着巨大的风险。

这主要是指国债期货赖以存在的利率机制市场化并没有形成，金融现货市场亦不够完善。

其二，政策风险和信息披露制度不完善是期货市场的重要风险源。

"327"国债风波中，保值贴补政策和国债贴息政策对债市气贯长虹的单边涨势起了决定作用。"327"国债可享受保值贴补，在保值贴补率连续数十月攀高的情况下，其票面收益大幅提高。在多空对峙时，其又受财政部公告（1995年2月25日公布）的朦胧消息刺激而大幅飙升，使得"政策风险"最终成为空方失败的致命因素。于是，空方不惜蓄意违规，利用交易管理的漏洞演出了最后"疯狂的一幕"。

在高通胀的情况下，实施保值贴补政策有一定的必要性，但由于我国国债流动性差及品种结构不合理，每月公布一次的保值贴补率成为国债期货市场上最为重要的价格变动指标，从而使我国的国债期货由利率期货演变成一种不完全的通货膨胀期货。于是，国债期货交易成了保值贴补率的"竞猜游戏"，交易者利用国家统计局的统计结果推算保贴率，而依据据称来自财政部的"消息"影响市场也成了多空孤注一掷的筹码。凡此种种，对我国国债期货市场的风险控制产生了直接的冲击，并最终导致国债期货成为"政策市"、"消息市"的牺牲品。

其三，健全和完善交易所管理制度方可防范期货市场层出不穷的风险。

"327"国债期货风波的产生虽有其突发性"政策风险"的因素，但各证券、期货交易所资金保障系统和交易监督管理系统的不健全也是"违规操作"得逞的原因。

资金保障系统方面：首先，国债期货过低的保证金比例放大了资金使用效应，成为国债期货投资者过度投机的诱因。"327"国债期货风波发生之时，上证所20 000元合约面值的国债收保证金500元，期货交易所国债期货的保证金普遍为合约市值的1%。这样偏低的保证金水平与国际通行标准相距甚远，甚至不如国内当时商品期货的保证金水平，无疑使市场投机气氛更为浓重。其次，我国证券期货交易所均以计算机自动撮合为主要交易方式，此种交易方式仅按国际通行的逐日盯市方法来控制风险，尚不能杜绝透支交易。而"327"国债风波发生时，上证所采用的正是"逐日盯市"而非"逐笔盯市"的清算制度，交易所无法用静态的保证金和前一日的结算价格控制当日动态的价格波动，使得空方主力违规抛出千万手合约的"疯狂"行为得以实现。最后，"327"国债在风波发生之时，已成为临近交割的合约品种。"交割月追加保证金制度"当时尚未得到重视和有效实施，这也是国债期货反复酿成市场风波的重要原因之一。

交易监督管理系统方面：第一，涨跌停板制度是国际期货界通行的制度，而"327"国债期货风波出现之时，上证所甚至没有采取这种控制价格波动的基本手段。第二，没有持仓限量制度。当时中国国债的现券流通量很小，国债期货某一品种的可持仓量应与现货市场流通量之间保持合理的比例关系，并在电脑撮合系统中设置。第三，从"327"合约在2月23日尾市出现大笔抛单的情况看，交易所显然对每笔下单缺少实时监控，导致上千万手空单在几分钟之内通过计算机撮合系统成交，扰乱了市场秩序。第四，浮动盈利禁开新仓，这项制度虽具中国特色，但行之有效，它无疑对期货市场的过度投机起到了抑制作用。

其四，现代期货交易的风险控制要求计算机系统提供必要的技术保障。

"327"国债期货风波出现之后，不少人对各交易所采取的计算机自动撮合交易方式提出质疑，认为这种交易方式对遏制过度投机和提高交易透明度不利。事实上，从五年来中国期货市场的实践和国际期货市场的发展趋势来看，通过计算机系统进行期货交易是我国期货市场的最佳选择，而且通过大型计算机系统控制期货交易中的实时风险，更有人工控制和事后控制所不具备的优势。比如我国期货市场目前采用的"逐笔盯市"风险监控模式，由计算机首先控制交易者下单的数量、价格和保证金比例，再由计算机从其结算账户中扣除其保证金。一旦有效保证金不足，计算机可自动禁止其开新仓，只允许平仓操作。在这方面，计算机实时监控远比人工控制效率高、反应敏捷。

应该说，在"327"国债期货风波发生之前，中国期货市场的迅速发展，交易所的丰厚利润，使管理者、投资者的风险意识大大淡化，一味追求市场规模和交易量，放松了风险控制这个期货市场的生命线，终于导致了"327"风波的发生，并葬送了国债期货这个大品种，其教训是惨痛的。事件发生之后，政府监管部门、各交易所均健全了交易保证金控制制度、涨跌停板制度等规章制度，并建立了诸如持仓限量制度、大户申报制度、浮动盈利禁开新仓等的交易风险控制制度。"327"国债期货风波以其惨痛的教训成为中国期货市场重视风险管理的开端。

问题：结合"327"国债期货事件，分析期货交易所应如何防范期货交易风险。

分析提示：期货合约设计的科学性和可行性。

知识掌握

3.1　什么是逐日盯市制度？

3.2　什么是保证金制度？

3.3　什么是结算准备金？什么是交易保证金？

3.4　什么是投机头寸限仓制度？

3.5　什么是大户报告制度？

3.6　什么是强行平仓制度？

知识应用

□ 案例分析

郑州绿豆合约"1·18"事件——震惊世界期货界

1999年1月18日，是个不年不节的星期一，但恐怕世界期货史上将会记下这一天。18日下午，郑州商品交易所（以下简称"郑交所"）发布《中郑商交字（1999）第10号》文宣布："1999年1月18日闭市后，交易所对绿豆9903、9905、9907合约的所有持仓以当日结算价对冲平仓。"这意味着，这些合约的所有交易将在一夜之间全部对冲为零，并终止一切现货交割。对于如此重大的决定，交易所竟未公布具体的风险源和风险程度，而只是用一句"为了进一步化解市场风险"带过，也未公布参加理事会会议的成员、人数和表决结果。与证券市场的规范运作相比，期货市场的管理显得既缺乏透明度又缺乏规范性。

郑交所这一中盘毁局、交易销零的做法，使场内众多中小散户损失惨重，做套期保值的空头也将因不能交货而蒙受损失。当天闭市后，全场先是绝望愕然，紧接着便被指责叫骂声淹没了。

期货市场的参与者是相互对立的多方（预期价格看涨）和空方（预期价格看跌），交易所是非盈利性中介机构，因为它负责提供市场并监管市场。按照国际惯例，只有将自身利益置于市场之外，交易所的监管才能真正做到公平。但多年来，虽然中国的期货交易所一直在调整自己在市场中的位置，却一直没有做到位，此次事件便是一个极端的恶果。它终于把中国的期货市场推到了何去何从的最后一个岔口。

不知从何时开始，一般中国媒体都不想沾期货，也不敢沾。不是因为那里的规则像迷宫一样，它毕竟还能理出头绪，主要是因为那里的内幕太多，根本无从下手。多年来，中国的期货领域就像现代社会中一个半封闭的部落，寄生在整个经济社会的神经末端。外边的人，很少光顾那里，更少有人去过问那里的是是非非；里边的人，也很少和外边的社会过多交流，他们习惯了那里的一切规则，成文的和不成文的，包括内幕和不公。

但这次真的不同。当 1 月 20 日记者开始采访后，许多业内人士，包括近年来避媒体唯恐不远的期货经纪公司都积极和记者接触，要求曝光。大概是悲极，其言也真，他们说："这在世界期货史上都绝无仅有。中国的期货市场从来就不公平，但这一次做绝了。我们希望中国的期货市场发展，但如果必须在黑暗和失业中做出选择，我们宁肯失业。"

说市场目前笼罩着一片绝望情绪，一点也不过分。但亏损多少，已经是次要的，做期货的人都没那么脆弱，人们最愤怒的是游戏规则彻底失去了平衡。而没有平衡的游戏规则，客户今后将亏得更多，期货市场也必然死路一条。市场已把矛头完全指向了制定游戏规则的交易所。

资料来源：根据《期货历史故事经典案例》相关资料整理。

问题：请根据材料，分组讨论在实现期货交易的"公开、公平、公正"中，期货交易所规则所起到的重要作用。

分析提示：期货交易所不能既是裁判员又是运动员。

□ 实践训练

参观一家期货经纪公司，实地了解期货经纪公司的各个部门是如何防范和化解日常期货交易中存在的各种风险的。

要求：

①考察该期货经纪公司的资产、业务经营情况以及它的全国网点分布情况。

②了解该期货经纪公司有哪些业务部门，每个部门的具体职责是什么。

③考察每个职能部门在日常期货交易中面临着哪些风险。

④掌握这些职能部门是如何处理这些风险的。

第 4 章　期货交易的流程

学习目标

　　在学习完本章之后，你应该能够：了解期货交易的流程；掌握期货逐日盯市结算的计算方法；熟悉期货交易的主要结算单；了解期货交易行情等信息。

引例

股指期货的交易流程

　　一个完整的股指期货交易流程包括开户、下单、结算、平仓或交割四个环节。其具体为：

　　（1）开户：投资者欲参与股指期货交易，需要符合股指期货投资者适当性制度的相关要求，与符合规定的期货公司签署期货交易风险揭示书、股指期货交易特别风险揭示书和期货经纪合同，开立期货账户，获得交易编码。

　　（2）下单：指投资者在每笔交易前向期货公司下达交易指令，说明拟买卖合约的种类、方向、数量、价格等的行为。股指期货具有双向交易机制，投资者在下单时要特别注意买、卖的方向，留意是开仓还是平仓。

　　（3）结算：股指期货采用当日无负债结算制度。每个交易日收市后，期货公司根据当日结算价对投资者的交易保证金、盈亏、手续费及其他有关款项进行计算和划转。投资者应及时关注结算单的信息，确保期货保证金账户中的保证金余额符合规定的要求。

　　（4）平仓：股指期货合约都有到期日，投资者欲在合约到期前了结所持仓合约，可以选择平仓操作。与买入开仓对应的是卖出平仓，与卖出开仓对应的是买入平仓。

　　（5）交割：与商品期货的实物交割不同，股指期货采用现金交割方式。在合约到期时，以交割结算价为基准，计算并划转持仓双方的盈亏，了结所有未平仓合约。

　　资料来源：中金所．股指期货的交易流程［N］．证券时报，2010-02-22.

　　这一案例表明：一个完整的期货交易流程包括开户、下单、结算和交割等环节。

4.1　期货交易的流程概述

　　期货交易的流程主要包括开户、下单、成交、结算、交割等环节。全面了解期货交易的各主要业务流程，有助于投资者正确行使交易过程中的权利与义务，保证交易行为的畅通与完整。

4.1.1　开户

由于能够直接进入期货交易所交易的只能是期货交易所的会员，所以，普通的投资者在进入期货市场交易之前，应首先选择一家信誉良好、资金安全、运作规范、收费合理、具有交易所会员资格的期货经纪公司。

投资者在选定期货经纪公司后，即可向该期货经纪公司提出委托申请，开立期货交易账户。所谓期货交易账户，是指期货交易者开设的用于交易履约保证的一个资金账户。开立账户的过程实质上就是投资者（委托人）与期货经纪公司（代理人）建立法律关系的过程。开户的具体程序见图4-1。

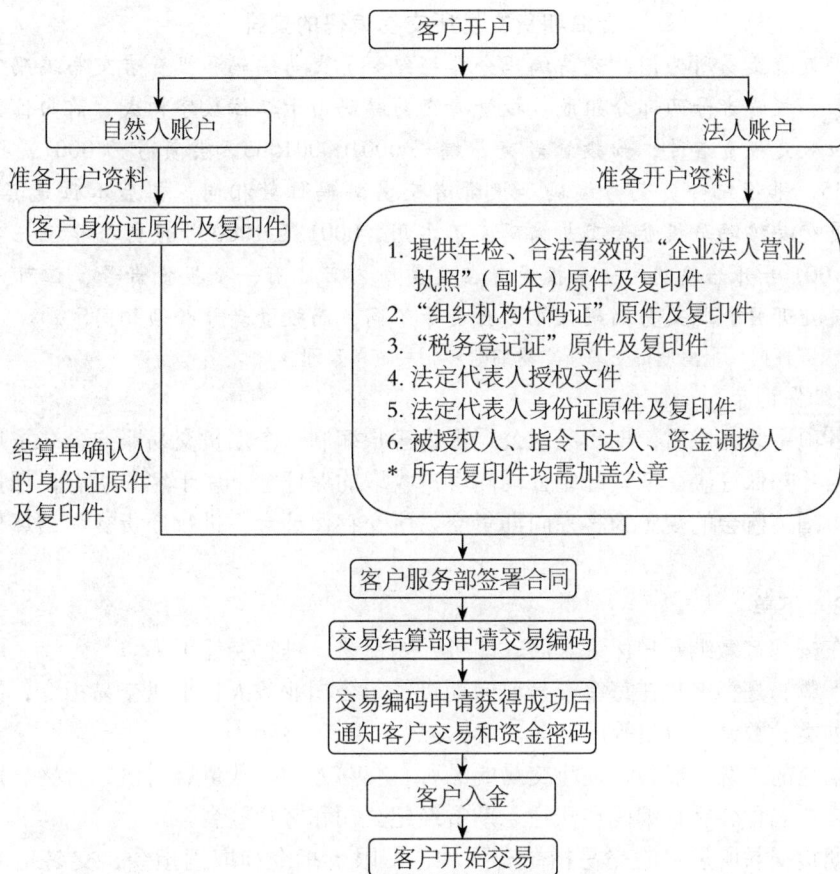

图 4-1　期货经纪公司客户开户流程图

1）风险揭示

客户委托期货经纪公司从事期货交易，必须事先在期货经纪公司办理开户登记。期货经纪公司在接受客户开户申请时，应向客户提供"期货交易风险揭示书"。"期货交易风险揭示书"是标准化的，是由证监会统一制作的，其主要包含技术、交易、信息、政策等风险。客户在仔细阅读和理解后，在该"期货交易风险揭示书"上签字，单位客户由单位法定代表人签字，并加盖单位公章。

2）签署合同

期货经纪公司在接受客户的开户申请时，双方需签署"期货经纪合同"。个人开户应提供本人身份证、留存印鉴或签名样卡；单位开户应提供"企业法人营业执照"复印件，并提供法定代表人及本单位期货交易业务执行人的姓名、联系电话、单位及其法定代表人或单位负责人印鉴等书面材料及法定代表人授权期货交易业务执行人的书面授权书。

3）填写登记表

交易所实行客户交易编码登记备案制度，客户开户时应按自己的基本情况填写"期货交易登记表"，经纪公司会员按交易所统一的编码规则为客户分配交易编码，一户一码，专码专用，不得混码交易。

知识链接 4-1

上海期货交易所交易编码的安排

以上海期货交易所为例，交易编码分非经纪会员交易编码和投资者交易编码。交易编码由会员号和投资者号两部分组成。投资者交易编码由十二位数字构成，前四位数是会员号，后八位数是投资者号，如投资者交易编码000100001535，会员号为0001，投资者号为00001535。非经纪会员交易编码和投资者交易编码位数相同，但后八位是其会员号。非经纪会员交易编码与投资者交易编码互不占用，0001至1000号预留给非经纪会员，投资者号从1001号开始编制。一个投资者在交易所内只能有一个投资者号，但可以在不同的经纪会员处开户，其交易编码只能是会员号不同，而投资者号必须相同。

资料来源：根据《上海期货交易所交易细则》相关资料整理。

4）缴纳保证金

上述各项手续完成后，期货经纪公司将为客户编制一个期货交易账户，并按规定存入其应缴纳的开户保证金。期货经纪公司向客户收取的保证金，属于客户所有，期货经纪公司除按照中国证监会的规定为客户向期货交易所交存保证金，进行期货交易结算外，严禁挪作他用。

4.1.2 下单

客户在按规定缴纳开户保证金后，即可开始交易，进行委托下单。

所谓下单，是指客户在每笔交易前向期货经纪公司业务人员下达交易指令，说明拟买卖合约的种类、数量、价格等的行为。

交易指令的内容一般包括期货交易的品种、交易方向、数量、月份、价格、期货交易所名称、客户名称、客户编码和账户、期货经纪公司和客户签名等。

我国期货交易所规定的交易指令有两种，即限价指令和取消指令，交易指令当日有效。在指令成交前，客户可提出变更和撤销。

限价指令是指执行时必须按限定价格或更好的价格成交的指令。下达限价指令时，客户必须指明具体的价位。它的特点是可以按客户预期的价格成交，但同时也存在无法成交的可能性。

取消指令是指客户要求将某一指定指令取消的指令。客户通过执行该指令，将以前下达的指令完全取消。客户可以通过书面、电话或中国证监会规定的其他方式进行下单。

（1）书面下单。书面下单是指客户亲自填写交易单，填好后签字，交给期货经纪公司交易部，再由期货经纪公司交易部通过电话报单至该期货经纪公司在期货交易所场内的出市代表，由出市代表输入指令进入交易所主机撮合成交。

（2）电话下单。电话下单是指客户通过电话直接将指令下达到期货公司交易部，再由交易部通知出市代表下单，期货经纪公司需将客户指令录音，以备查证。事后，客户应在交易单上补签姓名。

（3）网络下单。网络下单是指客户通过期货经纪公司提供的交易软件进行下单，将交易指令下达至期货经纪公司服务器，在期货经纪公司核对客户账户、密码确认无误后将交易指令发送至期货交易所交易系统。事后，客户应在交易单上补签姓名。图4-2为某期货经纪公司网上委托下单界面。

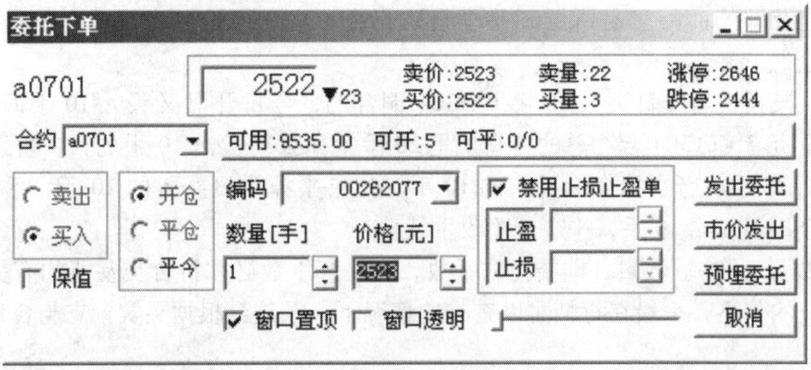

图 4-2 某期货经纪公司网上委托下单界面

结合图4-2，下面按委托下单的步骤讲解一些基本概念。

（1）合约。进行委托下单时首先要选择拟交易的期货合约，可通过下拉式菜单选择期货合约代码。当正确选择存在的合约代码后，在状态条上会显示出最新的买入价、卖出价、买入量、卖出量、涨停价、跌停价。

比如，这里选择交易大连商品交易所的黄大豆 a0701 期货合约，选择后，系统在状态条上显示黄大豆0701合约的即时最新行情：买价：2 522 元/吨；买量：3 手；卖价：2 523元/吨；卖量：22 手；涨停价：2 646 元/吨；跌停价：2 444 元/吨。

（2）卖出/买入。选择完拟交易的期货合约后即可选择交易方向，做多操作选择买入，做空操作选择卖出。

（3）开仓/平仓/平今。选择完交易方向后，根据本次交易的性质，从开仓、平仓、平今中选择一项。

开仓是指投资者新买入或新卖出一定数量的期货合约，分为开仓买入、开仓卖出。期货投资者在开仓之后没有平仓的合约，叫做未平仓合约，也叫持仓。

投资者开仓买入合约后所持有的持仓叫多头持仓，或者叫多头部位、多头头寸，简称多仓或多单；投资者开仓卖出合约后所持有的持仓叫空头持仓，或者叫空头部位、空头头寸，简称空仓或空单。

开仓买入期货合约，持有多仓的投资者认为期货合约价格会涨，所以会买进；相反，持有空仓的投资者认为期货合约价格以后会下跌，所以才卖出。

平仓是指期货投资者买回已卖出合约，或卖出已买入合约的行为。

例如，某投资者在 2 月 1 日以 60 000 元/吨的价格开仓买入 Cu1304 铜期货合约 10 手，这时投资者就有了 10 手多头持仓。到 2 月 2 日，该投资者见期货价格上涨了，于是以 60 200元/吨平仓卖出 6 手 Cu1304 铜期货合约，成交之后，该投资者的实际持仓就只有 4 手多头持仓了。

投资者下达买卖指令时一定要注明是开仓还是平仓。如果 2 月 2 日该投资者在下单时报的是开仓卖出 6 手 Cu1304 铜期货合约，成交之后，该投资者的实际持仓就不是原来的 4 手多头持仓了，而是 10 手多头持仓和 6 手空头持仓了。

交易系统中的平仓指的是对非当日开仓的合约进行平仓，平今是对当日开仓的合约进行平仓。为了鼓励交易，交易所对当日开仓平仓的交易行为有一定的奖励，通常是只收取单边的手续费，也就是开仓收费、平仓不收费。上海期货交易所使用"平仓"、"平今仓"指令，大连及郑州商品交易所无"平今仓"指令，客户无论平当日持仓还是历史持仓，均用"平仓"指令。

例如，某投资者昨日买入 10 手 Cu1304 铜合约，今日开盘又买入 10 手 Cu1304 铜合约，则该投资者 Cu1304 合约总的持仓就是 20 手，如果要卖出 10 手的话，可以选择平掉昨日买入的 10 手或者平掉今天买入的 10 手。如果平掉昨日买入的 10 手，手续费照收；如果平掉今日买入的 10 手，平仓就不收手续费。

（4）数量/价格。数量，即委托的手数，应注意手数必须符合交易所的有关规定。价格，即委托的价格，一般在行情可以查询的情况下，系统会根据买卖标志与合约号自动填上最新价。

（5）投机/保值。一般情况下，投资者的交易动机分为两类，即单纯的投机性交易和套期保值交易，由于交易所对这两类交易的风险控制规则不同，投资者在确认该笔交易前，必须明确该笔交易的动机，如果投资者交易的目的是套期保值，须选择保值项；如果是投机性的交易，可不选择，系统默认为投机交易。

4.1.3　成交

期货合约价格的形成主要有公开喊价和计算机撮合成交两种方式。我国期货交易所采用的均是计算机撮合成交方式。

计算机撮合成交是根据公开喊价的原理设计而成的一种计算机自动化交易方式，是指期货交易所的计算机交易系统对交易双方的交易指令进行配对的过程。

国内期货交易所计算机交易系统的运行，一般是将买卖申报单以价格优先、时间优先的原则进行排序。当买入价大于、等于卖出价时则自动撮合成交，撮合成交价等于买入价（BP）、卖出价（SP）和前一成交价（CP）三者中居中的一个价格，即：

如果 $BP \geqslant SP \geqslant CP$，则最新成交价 = SP；

如果 $BP \geqslant CP \geqslant SP$，则最新成交价 = CP；

如果 $CP \geqslant BP \geqslant SP$，则最新成交价 = BP。

开盘价和收盘价均由集合竞价产生。

当期货经纪公司的出市代表收到交易指令时，在确认无误后输入计算机进行撮合成交，计算机显示成交后，出市代表必须马上将成交结果反馈给期货经纪公司交易部，期货经纪公司交易部将成交结果记录在交易单上并打上时间戳记后，将成交回报记录单报告给客户。成交回报记录单应包括如下几个项目：成交价格、成交手数、成交回报时间等。

【例4-1】上海铜期货市场某一合约的卖出价格为 15 500 元/吨，买入价格为 15 510 元/吨，前一成交价为 15 490 元/吨，那么该合约的撮合成交价应为多少元/吨？

这里，SP = 15 500，BP = 15 510，CP = 15 490。

BP>SP>CP，则最新成交价 = SP = 15 500 元/吨。

4.1.4 结算

1）期货经纪公司对客户的结算概述

结算包括交易所对会员的结算和期货经纪公司对客户的结算，我们这里介绍的是期货经纪公司对客户的结算。

期货经纪公司在每一交易日结束后须对每一客户的盈亏、手续费、保证金等事项进行结算。

期货经纪公司在闭市后向客户发出交易结算单。期货交易结算单采用交易品种当日结算价作为基准，对交易头寸进行结算，因此叫做盯市交易结算单。它主要包括资金状况、出入金记录、成交记录、平仓明细、持仓明细、客户签署、追加保证金或强制平仓通知书七个部分。其中资金状况与客户签署是必须有的部分，其他记录视客户交易情况而有变化，无出入金、成交、平仓、持仓、追加保证金或强制平仓通知书时则无记录。

当每日结算后客户保证金低于期货交易所规定的保证金水平时，期货经纪公司按照期货经纪合同约定的方式通知客户追加保证金。客户不能按时追加保证金的，期货经纪公司应当将该客户部分或全部持仓强行平仓，直至保证金余额能够维持其剩余头寸。

客户对交易结算单记载事项有异议的，应当在下一交易日开市前向期货经纪公司提出书面异议；客户对交易结算单记载事项没有异议的，应当在交易结算单上签字确认或者按照期货经纪合同约定的方式确认；客户既未对交易结算单记载事项确认，也没有提出异议的，视为对交易结算单的确认。对于客户有异议的，期货经纪公司应当根据原始指令记录和交易记录予以核实。

2）结算实际案例分析

期货的结算是分级进行的，即期货交易所同会员的结算，会员同客户的结算。一般在实际投资中，我们经常遇到的是会员同客户的结算，下面通过案例来分析会员同客户结算过程中如何计算手续费、保证金、当日盈亏等。

（1）手续费的计算。

手续费的计算公式为：

$$手续费 = \sum 合约成交金额 \times 手续费费率$$

其中：

合约成交金额＝成交价格×合约交易单位×成交手数

（2）保证金的计算。

保证金的计算公式为：

$$当日应缴保证金 = \sum 合约结算价 \times 合约交易单位 \times 持仓量 \times 保证金比率$$

其中，持仓量就是指投资者持有某未平仓合约的手数。

（3）当日盈亏的计算。

当日盈亏的计算公式为：

持仓盈亏＝历史持仓盈亏+当日开仓持仓盈亏

（4）保证金余额的计算。

保证金余额的计算公式为：

$$\frac{当日结算}{准备金余额} = \frac{上一交易日}{结算准备金} + \frac{上一交易日}{交易保证金} - \frac{当日交易}{保证金} + \frac{当日}{盈亏} + 入金 - 出金 - 手续费$$

【例4-2】2012 年年初，某投资者在永安期货经纪公司存入 10 万元保证金，准备交易上海期货交易所的铜期货合约。

2 月 2 日，该投资者上午开仓买入 5 手铜期货合约 Cu0804，成交价为 61 000 元/吨，在下午合约 Cu0804 上涨至 61 200 元/吨时平仓卖出 2 手，收市后，合约 Cu0804 的结算价为 61 300 元/吨。

2 月 3 日，铜价发生大幅下跌，该投资者出于防范风险的目的，以成交价 60 000 元/吨平仓卖出 2 手 Cu0804，收市后，合约 Cu0804 的结算价为 60 100 元/吨。

根据上述材料，分别计算 2012 年 2 月 2 日和 2 月 3 日该投资者的结算情况。

①计算 2012 年 2 月 2 日该投资者的结算情况。

首先，计算手续费。

对于铜期货合约，上海期货交易所规定交易所向会员收取的交易手续费为不高于成交金额的万分之二，同时规定，会员向客户收取的交易手续费不得低于交易所向会员收取手续费的 3 倍，但是在实际操作当中，由于竞争激烈，期货公司一般通过降低手续费标准来留住或者吸引客户。我们这里假设会员向客户收取的交易手续费费率为成交金额的 5‰。

开仓买入 5 手 Cu0804 的成交额 = 61 000×5×5 = 1 525 000（元）

平仓卖出 2 手 Cu0804 的成交额 = 61 200×5×2 = 612 000（元）

全天总成交金额 = 1 525 000+612 000 = 2 137 000（元）

应缴手续费 = 2 137 000×5‰ = 1 069（元）

其次，计算交易保证金。

该投资者合约 Cu0804 的持仓量 = 5-2 = 3（手）

当日应缴保证金 = 61 300×5×3×5% = 45 975（元）

再次，计算当日盈亏。

平当日仓盈亏 =（61 200-61 000）×5×2 = 2 000（元）

当日开仓持仓盈亏 =（61 300-61 000）×5×3 = 4 500（元）

当日盈亏 = 2 000+4 500 = 6 500（元）

最后，计算保证金余额。

当日结算准备金余额 = 100 000-45 975+6 500-1 069 = 59 456（元）

②计算 2012 年 2 月 3 日该投资者的结算情况。

首先，计算手续费。

平仓卖出 2 手 Cu0804 的成交额 = 60 000×5×2 = 600 000（元）

全天总成交金额 = 600 000（元）

应缴手续费 = 600 000×5‰ = 300（元）

其次，计算交易保证金。

该投资者合约 Cu0804 的持仓量 = 3-2 = 1（手）

当日应缴保证金 = 60 100×5×1×5% = 15 025（元）

再次，计算当日盈亏。

平历史盈亏 =（60 000-61 300）×5×2 = -13 000（元）

历史持仓盈亏 =（60 100-61 300）×5×1 = -6 000（元）

当日盈亏 = -13 000-6 000 = -19 000（元）

最后，计算保证金余额。

当日结算准备金余额 = 59 456+45 975-15 025-19 000-300 = 71 106（元）

3）主要的交易结算单

下面是一份国内某期货经纪公司交易结算单的样本（采用逐日盯市结算）。

（1）资金状况单（见表 4-1）。

表 4-1 资金状况单

上日结存：200 408.66	浮动盈亏：0.00	风险度：34.65%
当日存取：0.00	客户权益：218 832.72	追加保证金：0.00
当日盈亏：20 000.00	保证金占用：75 825.00	
当日手续费：1 575.94	质押金：0.00	
当日结存：218 832.72	可用资金：143 007.72	

表 4-1 中：

上日结存，即上一交易日的客户权益。

当日存取，即当日出入金数量。

当日盈亏，即平仓明细中的平仓盈亏与持仓明细中的盯市盈亏之和。

当日手续费，样本中的手续费收取标准为成交金额的万分之七点五。

当日结存 = 上日结存 + 当日存取 + 当日盈亏 - 当日手续费

浮动盈亏，指所有持仓头寸按买入价或卖出价与当日交易结算价之差乘以手数乘以合约单位计算出的盈亏总额。由于是盯市结算单，在此不记录该数据项。

客户权益 = 当日结存

保证金占用 = 今日结算价 × 持仓手数 × 合约单位 × 保证金比例

样本中的持仓明细中显示持 Cu0306 买单 15 手，今日结算价 16 850 元，保证金比例为 6%，因此保证金占用为 75 825 元（16 850 × 15 × 5 × 6%）。

质押金，即客户以标准仓单等作抵押折算成交易保证金时的金额数。

可用资金 = 客户权益 - 保证金占用

风险度 = 保证金占用 ÷ 客户权益 × 100%

当风险度大于 100% 时，则须追加保证金，当风险度大于 130% 时将会收到强制平仓通知，样本中，风险度 = 75 825.00 ÷ 218 832.72 × 100% = 34.65%。

追加保证金，当保证金不足时须追加的金额，追加至可用资金不为 0。

（2）成交记录单（见表 4-2）。

在表 4-2 中，买卖是指交易方向。投保是指投机盘与套期保值头寸，通常客户参与的是投机交易。但是作为套期保值头寸就要注明是保值，这样按各交易所的有关规定，在进入交割月前一个月提高保证金时，保值头寸可以得到低于投机头寸的保证金标准。

表 4-2 成交记录单

交易日	合约	成交序号	买卖	投保	成交价	手数	成交额	开平	手续费	平仓盈亏
030118	[A] cu0306	20030118001434s	卖	投	16 810.00	10	840 500.00	平	630.38	8 000.00
030118	[A] cu0306	20030118005335b	买	投	16 800.00	10	840 000.00	开	630	0.00
030118	[A] cu0306	20030118012073s	卖	投	16 830.00	5	420 750.00	平今	315.56	750.00

合计   成交量：25   成交额：2 101 250.00   手续费：1 575.94   平仓盈亏：8 750.00

成交额＝成交价×手数×交易单位

表4-2中：

开平，即开仓、平仓，当日平仓称为平今仓。

（3）平仓明细单（见表4-3）。

表4-3　　　　　　　　　　　　　平仓明细单

合约	成交序号	买卖	成交价	开仓价	手数	昨结算	平仓盈亏	原成交序号
[A] cu0306	20030118001434s	卖	16 810.00	16 850.00	10	16 650	8 000.00	20030109012594b
[A] cu0306	20030118012073s	卖	16 830.00	16 800.00	5	16 650	750.00	20030118005335b

合计　　手数：15　　盈亏：8 750.00

表4-3中：

成交序号，与成交记录单中的成交序号一致。

成交价，即平仓成交价。

开仓价，此平仓头寸的开仓价格。

昨结算，上一交易日交易所公布的合约结算价。

平仓盈亏：

当日平仓盈亏＝开仓价与平仓成交价之差×手数×交易单位

隔日平仓盈亏＝平仓成交价与昨日结算价之差×手数×交易单位

样本中，12073s是当日平仓单，则：

平仓盈亏＝（16 830-16 800）×5×5＝750（元）

01434s是隔日平仓单，则：

平仓盈亏＝（16 810-16 650）×10×5＝8 000（元）

原成交序号，指平仓头寸开仓时的序号，表明投资者的平仓不必一定按顺序进行，可以挑选投资者认为更合适的头寸平仓。

（4）持仓明细单（见表4-4）。

表4-4　　　　　　　　　　　　　持仓明细单

合约	买持	买入价	卖持	卖出价	昨结算	今结算	浮动盈亏	盯市盈亏	投保
[A] cu0306	10	16 850.00	0		16 650.00	16 850.00	0.00	10 000.00	投
[A] cu0306	5	16 800.00	0		16 650.00	16 850.00	1 250.00	1 250.00	投

合计　　买持：15　　卖持：0　　浮动盈亏：1 250.00　　盯市盈亏：11 250.00

表4-4中：

买持，即买入持仓量。

卖持，即卖出持仓量。

昨结算，即昨日交易结算价。

今结算，即当日交易结算价。

浮动盈亏，指买入价或卖出价与当日交易结算价之差×手数×交易单位。例如，样本中当日结算价为16 850元，买入价为16 850元的10手买单浮动盈亏为0，买入价为16 800元的5手买单浮动盈亏为1 250元（（16 850-16 800）×5×5）。

盯市盈亏，当日新增持仓＝开仓价与今结算之差×手数×交易单位；隔日持仓＝今结算与昨结算之差×手数×交易单位。例如，样本中，买入价为16 850元的10手买单是隔日持仓，盯市盈亏为10 000元（（16 850－16 650）×10×5）；买入价为16 800元的5手买单是当日新增持仓，盯市盈亏为1 250元（（16 850－16 800）×5×5）。

投保，即投机或保值。

4.1.5 交割

目前，我国上海期货交易所、大连商品交易所、郑州商品交易所各期货品种都采用实物交割的方式。

实物交割的一般程序是：卖方在交易所规定的期限内将货物运到交易所指定交割仓库，经验收合格后由仓库开具仓单，再经交易所注册后成为标准仓单。进入交割期后，卖方提交标准仓单，买方提交足额货款，到交易所办理交割手续。

会员在期货合约实物交割中发生违约行为时，交易所应先代为履约。这些违约行为一般包括：在规定交割期限内，卖方未交付有效标准仓单的；在规定交割期限内，买方未解付货款或解付不足的；卖方交付的商品不符合规定标准的。

交易所可采取征购和竞卖的方式处理违约事宜，违约会员应负责承担由此引起的损失和费用。交易所对违约会员还可处以支付违约金、赔偿金等处罚。

4.2 期货行情

投资者熟悉了期货交易流程，办理了相关的开户手续，在正式进入期货交易前，还必须了解期货交易行情。以上海期货交易所为例，期货交易行情是交易所期货信息的重要组成部分，交易所期货交易信息是指在交易所期货交易活动中所产生的所有上市品种的期货交易行情、各种期货交易数据统计资料、交易所发布的各种公告信息以及中国证监会指定披露的其他相关信息。期货交易信息所有权属交易所，由交易所统一管理和发布。

交易所按即时、每日、每周、每月、每年向会员、投资者和社会公众提供期货交易信息。

4.2.1 期货即时行情

期货即时行情是指在交易时间内，与交易活动同步发布的交易行情信息。交易所期货即时行情通过计算机网络传送至交易席位，并通过与交易所签订协议的有关公共媒体和信息商对社会公众发布。

信息内容主要有：商品名称、交割月份、最新价、涨跌、成交量、持仓量、持仓量变化、申买价、申卖价、申买量、申卖量、每笔成交量、结算价、开盘价、收盘价、最高价、最低价、前结算价（如图4-3所示）。

①开盘价。开盘价是指某一期货合约开市前五分钟内经集合竞价产生的成交价格。

②收盘价。收盘价是指某一期货合约当日交易的最后一笔成交价格。

③最高价。最高价是指一定时间内某一期货合约成交价中的最高成交价格。

④最低价。最低价是指一定时间内某一期货合约成交价中的最低成交价格。

⑤最新价。最新价是指某交易日某一期货合约交易期间的最新成交价格。

⑥涨跌。涨跌是指某交易日某一期货合约交易期间的最新价与上一交易日结算价

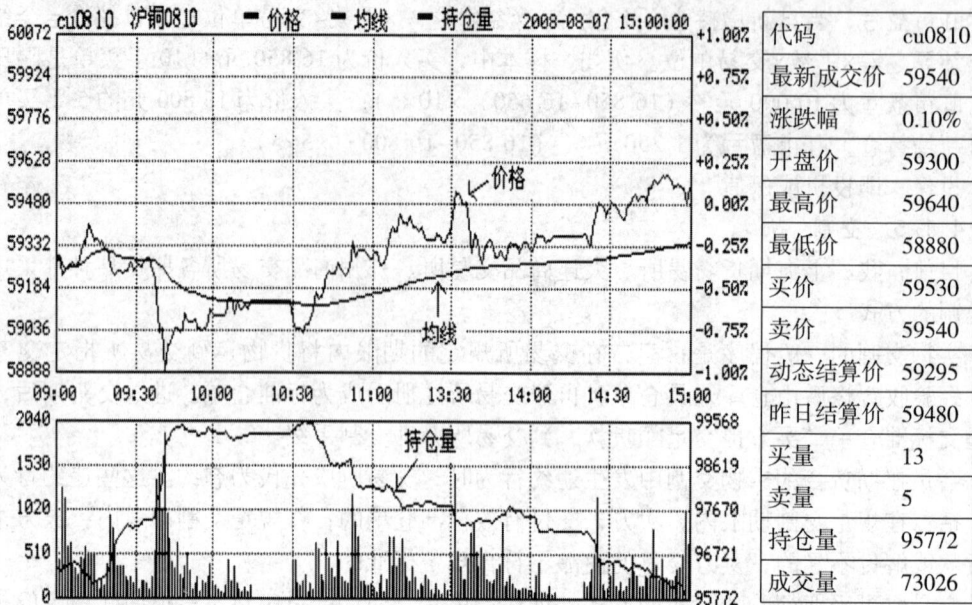

图4-3　期货交易的即时行情

之差。

⑦最高买价。最高买价是指某一期货合约当日买方申请买入的即时最高价格。

⑧最低卖价。最低卖价是指某一期货合约当日卖方申请卖出的即时最低价格。

⑨申买量。申买量是指某一期货合约当日交易所交易系统中未成交的最高价位申请买入的下单数量。

⑩申卖量。申卖量是指某一期货合约当日交易所交易系统中未成交的最低价位申请卖出的下单数量。

结算价。结算价是指某一期货合约当日成交价格按成交量的加权平均价。当日无成交的，以上一交易日的结算价作为当日结算价。结算价是进行当日未平仓合约盈亏结算和制定下一交易日涨跌停板额的依据。

成交量。成交量是指某一期货合约在当日交易期间所有成交合约的双边数量。

持仓量。持仓量是指期货交易者所持有的未平仓合约的双边数量。

4.2.2　其他交易信息

每日期货交易信息发布是指在每个交易日结束后发布的有关当日期货交易情况的信息。信息内容主要有：每日行情——商品名称、交割月份、开盘价、最高价、最低价、收盘价、前结算价、结算价、涨跌、成交量、持仓量、持仓量变化、成交额（见表4-5）；活跃月份前20名会员的成交量、买卖持仓量及套期保值持仓量（见表4-6）。

每周期货交易信息发布是指在每周最后一个交易日结束后发布的期货交易信息。信息内容主要有：每周行情——商品名称、交割月份、周开盘价、最高价、最低价、周收盘价、涨跌（本周末收盘价与上周末结算价之差）、持仓量、持仓量变化（本周末持仓量与上周末持仓量之差，也称仓差）、周末结算价、成交量、成交额；各上市商品标准仓单数量及与上次发布的增减量（见表4-7），已申请交割数量及本周进出库数量、可供期货交割使用的仓库容量等情况；最后交割日后的第一个周五发布的交割配对结果和实物交割量。

表 4-5 上海期货交易所期货合约行情（2011 年 9 月 5 日）（周一）

沪铜合约	前结算	今开盘	最高价	最低价	收盘价	结算价	涨跌 1	涨跌 2	成交手数	持仓手数	持仓变化
1109	67 980	67 810	68 020	67 340	67 350	67 640	-630	-340	3 130	16 000	-1 050
1110	67 920	67 730	68 050	67 210	67 210	67 520	-710	-400	6 406	52 406	-1 192
1111	67 910	67 650	68 030	67 080	67 100	67 500	-810	-410	183 408	154 708	2 002
1112	67 880	67 580	67 990	67 080	67 100	67 490	-780	-390	40 406	63 380	7 962
1201	67 840	67 500	67 950	67 060	67 080	67 380	-760	-460	3 218	10 910	948
1202	67 830	67 680	67 900	67 100	67 100	67 290	-730	-540	768	5 394	40
1203	67 900	67 710	67 880	67 150	67 150	67 590	-750	-310	250	2 784	126
1204	67 980	67 720	67 880	67 200	67 200	67 390	-780	-590	104	1 436	70
1205	67 900	67 600	67 910	67 200	67 250	67 500	-650	-400	104	1 288	26
1206	68 080	67 940	67 940	67 050	67 200	67 580	-880	-500	42	1 462	14
1207	67 930	67 950	67 950	67 200	67 200	67 430	-730	-500	16	708	-6
1208	67 840	67 850	67 850	67 190	67 210	67 420	-630	-420	18	278	2
小计									237 870	310 754	8 942

资料来源：根据上海期货交易所网站相关资料整理。

表 4-6 上海期货交易所会员成交及持仓排名表

交易品种：Cu1111　　　　　　交易日期：20111108

名次	会员简称	成交量	比上交易日增减	名次	会员简称	持买单量	比上交易日增减	名次	会员简称	持卖单量	比上交易日增减
1	金瑞期货	415	-5	1	金瑞期货	850	-50	1	上海金源	1 725	-40
2	中钢期货	255	50	2	中信新际	535	0	2	金川集团	1 000	0
3	广发期货	170	-430	3	金友期货	420	0	3	中粮期货	590	-90
4	一德期货	160	-95	4	中国国际	360	0	4	金瑞期货	370	-125
5	中粮期货	135	-130	5	江苏弘业	320	0	5	经易期货	315	0
6	五矿期货	125	45	6	迈科期货	290	0	6	北方铜业	300	0
7	浙江中大	125	125	7	五矿期货	255	-60	7	五矿期货	295	-25
8	招商期货	105	35	8	一德期货	230	-10	8	华泰长城	200	-15
9	东航期货	100	20	9	上海金源	220	0	9	上海五矿	185	-30

资料来源：根据上海期货交易所网站相关资料整理。

表 4-7　　　　　　　　　上海期货交易所指定交割仓库库存周报

日期：2011 年 12 月 2 日 2011 年第 47 期（总第 646 期）

交割商品：铜　　　　　　　　　　　　　　　　　　　　　　　　　　　　单位：吨

地区	仓库	上周库存		本周库存		库存增减		可用库容		
		小计	期货	小计	期货	小计	期货	上周	本周	增减
上海	期晟公司	12 532	2 455	11 436	2 455	-1 096	0	56 210	56 210	0
	国储天威	724	0	168	0	-556	0	119 103	119 103	0
	京鸿公司	0	0	0	0	0	0	20 000	20 000	0
	中储吴淞	31 204	4 849	28 263	4 474	-2 941	-375	134 966	137 813	2 847
	上港物流	4 189	0	3 009	0	-1 180	0	365 637	366 309	672
	上海裕强	0	0	0	0	0	0	15 000	15 000	0
	中储大场	6 580	149	5 940	149	-640	0	271 541	272 810	1 269
	同盛芦潮	0	0	0	0	0	0	60 000	60 000	0
	同盛洋山（保税）	3 333	75	3 133	75	-200	0	29 925	29 925	0
	中储临港（保税）	6 643	75	5 706	75	-937	0	29 925	29 925	0
	合计	65 205	7 603	57 655	7 228	-7 550	-375	1 102 307	1 107 095	4 788

注：小计为符合交割品质的货物数量；期货为已制成仓单的货物数量；可用库容为期货可制成仓单数量。

资料来源：根据上海期货交易所网站相关资料整理。

每月期货交易信息发布是指在每月最后一个交易日结束后交易所发布的期货交易信息。信息内容主要有：每月行情——商品名称、交割月份、月开盘价、最高价、最低价、月末收盘价、涨跌（本月末收盘价与上月末结算价之差）、持仓量、持仓量变化（本月末持仓量与上月末持仓量之差）、月末结算价、成交量、成交额；各指定交割仓库经交易所核定的可用于期货交割的库容量和已占用库容量及标准仓单量。

◤ 知识掌握 ◢

4.1　期货交易的流程是怎样的？

4.2　什么是开仓？什么是平仓？什么是平今仓？

4.3　什么是收盘价？什么是结算价？

4.4　什么是成交量？什么是持仓量？

4.5　什么是仓差？

4.6　什么是风险度？

◤ 知识应用 ◢

□ 案例分析

杨某诉 D 期货公司全权委托纠纷案

【案情简述】

2012 年 2 月 2 日，杨某与 D 期货公司签订《期货经纪合同》及相关开户文件，约定杨某委托 D 公司按照其指令为其进行期货交易合同签订当日，杨某即向 D 公司申请开立账户并设置交易密码，同时存入保证金 5 万元，随后杨某多次存入保证金，共计 95 万余元。

2012 年 4 月初，经 D 公司攀枝花营业部投资部经理丁某介绍，姜某以交易员身份代理杨某进行期货交易。随后，杨某将交易密码告知姜某，姜某在杨某提前签名的空白指令单上为其下达交易指令，D 公司按照杨某的指令为其进行期货交易。

2012 年 4 月 16 日，杨某申请更换交易员为温某。从次日起至同年 7 月 12 日，温某经杨某同意，通过使用其密码，利用 D 公司自助委托、网上委托系统下达交易指令单，D 公司按照其指令为杨某进行期货交易。杨某对其间产生的成交记录、交易结算单均签字予以确认。成交交易单载明，杨某因期货交易发生的交易费用以及亏损共计 632 801.35 元。2012 年 7 月，杨某撤销账户，终止了与 D 公司的期货经纪合同。

随后，杨某向法院起诉，其在起诉书中称，被告 D 公司违反相关规定，先后指派其公司的两名不具备期货经纪代理人资格的期货经纪人，为原告的期货交易进行代理，使原告遭受巨大损失，诉请判令 D 公司赔偿因违规操作造成的损失共计 632 801.35 元，由 D 公司承担本案诉讼费用。D 公司认为，姜某、温某不是期货经纪公司的在职职工，只是期货居间人，其行为与 D 公司无关。

法院审理认为，原告杨某和被告 D 公司签订的《期货经纪合同》及相关文件源于双方当事人的真实意思表示，其内容不违反我国期货交易方面法律、法规的禁止性规定，应属有效。姜某、温某作为居间人，为 D 公司介绍期货投资客户，提供缔约机会，并非如原告诉称的为 D 公司工作人员。杨某交易账户的合法指令下达人及资金调拨人均为杨某，且其本人已知晓在操作中会自行设定密码，因此这两人下达指令单的行为是受杨某委托，应由杨某承担交易后果。判决驳回原告的诉讼请求。

杨某不服上诉，二审法院认为，姜某、温某在本案中并未为 D 公司或杨某提供订约机会或订约媒介，而是从事具体的期货交易，是 D 公司的工作人员，不是期货居间人。姜某、温某在本案中的行为属于工作中的行为，所产生的民事责任应由 D 公司承担。即便姜某、温某不是 D 公司的工作人员，其行为也已构成表见代理，D 公司应当承担由此产生的民事责任。但姜某、温某的行为也在 D 公司和杨某之间构成全权委托。依照相关规定，判杨某因期货交易造成的损失由 D 公司向杨某承担 70% 的赔偿责任，余下的损失应由其自行承担。综上，原审判决认定事实部分不清，适用法律有所不当。判决撤销原审判决，判令 D 期货公司赔付杨某期货交易损失款 442 960.95 元。

【案件评析】

本案系期货公司交易员代理客户从事交易引发纠纷，案件争议的焦点主要有以下几项：1. 姜某、温某是居间人还是 D 公司的工作人员；2. 姜某、温某的行为是否构成表见代理；3. 本案期货交易中是否存在全权委托。

一、姜某、温某与 D 公司间是否为居间合同关系

《合同法》第四百二十四条规定："居间合同是居间人向委托人报告订立合同的机会或者提供订立合同的媒介服务，委托人支付报酬的合同。"期货居间行为从法律上理解，即指受期货公司或者客户的委托为其提供订约的机会或者订立期货经纪合同的中介服务。《最高人民法院关于审理期货纠纷案件若干问题的规定》第十条规定："公民、法人受期货公司或者客户的委托，作为居间人为其提供订约的机会或者订立期货经纪合同的中介服

务的，期货公司或者客户应当按照约定向居间人支付报酬。居间人应当独立承担基于居间经纪关系所产生的民事责任。"实践中，期货居间合同具有以下特征：1. 居间人向期货公司（客户）提供订立期货经纪合同的中介服务，委托人是否与第三人订立合同、达成交易，与居间人无关，居间人不是期货经纪合同的当事人；2. 居间人对委托人与第三人之间的合同没有介入权，不从事具体交易；3. 居间人的报酬在提供订约机会后按约定领取。期货实际操作中，居间人不会仅因介绍客户开户而获得佣金。只有当客户实际发生交易，期货经营机构才会按照客户的手续费净收入的一定比例向居间人支付佣金。

判断姜某、温某是否为期货居间人，关键在于其是否符合期货居间行为的上述特征。本案中，姜某、温某并未为 D 公司或杨某提供订约机会或订约媒介，二者在杨某与 D 期货公司签订期货经纪合同后，才由 D 公司推荐给杨某。随后，姜、温二人获取了杨某的交易密码，代理其从事具体的期货交易。在获取报酬的方式上，姜某、温某每月在 D 公司固定领取交通费和佣金提成，没有以提供订约机会为前提条件，且 D 公司员工证实，二人经过上岗培训后被 D 公司招聘为交易员，D 公司有关交易员的内部管理文件证明交易员就是 D 公司的工作人员。姜某、温某的行为显然不符合期货居间人的行为特征，仅凭《居间协议书》不能认定二者为期货居间人。从二者的工作内容（代理客户从事期货交易）和在 D 公司固定支取报酬来看，二者更符合 D 公司工作人员的身份。

二、姜某、温某与杨某间是否构成表见代理

表见代理是指行为人虽无代理权，但依据一定事实足以使善意第三人相信其有代理权而与之进行交易，发生的法律后果由本人承担的代理行为。《合同法》第四十九条规定："行为人没有代理权、超越代理权或者代理权终止后以被代理人名义订立合同，相对人有理由相信行为人有代理权的，该代理行为有效。表见代理属于广义的无权代理，其与无权代理的根本区别是，存在使相对人相信行为人有代理权的客观事实。表见代理的具体特征如下：1. 行为人没有代理权、超越代理权或者代理权终止后仍以被代理人名义订立合同。2. 相对人依据一定事实，足以认定行为人具有代理权并在此基础上与行为人签订合同。相对人依据的事实包括两个方面：一是被代理人的行为，如被代理人知道行为人以本人名义订立合同而不作否认表示；二是相对人有正当的客观理由，如行为人持有单位的业务介绍信、合同专用章或者盖有公章的空白合同书等。3. 相对人主观上善意、无过失，即相对人对行为人无代理权、超越代理权、代理权终止的事实不应知晓或者客观上不能知晓。

本案中，如像期货公司所主张的姜某、温某为居间人，姜某、温某的行为仍构成表见代理，理由如下：首先，二人不是公司员工，无权代理客户从事期货交易。其次，存在一定事实使杨某认为二人是 D 公司的交易员，其代理自己从事期货交易的行为是 D 公司履行期货经纪合同的行为，因为：一是二者经 D 公司分支机构经理推荐给杨某并向杨某出示了证明其为 D 公司交易员的名片；二是二人佩戴 D 公司的胸牌并在 D 公司营业场所办公；三是二人经过上岗培训后被 D 公司招聘为交易员，D 公司有关交易员的内部管理文件证明交易员就是 D 公司的工作人员。最后，姜某、温某经由 D 公司某部门经理丁某介绍给杨某，杨某对于二人不具备期货从业资格，没有代理权不应当也无法知晓。因此，该代理行为有效。《最高人民法院关于审理期货纠纷案件若干问题的规定》第九条规定："期货公司授权非本公司人员以本公司的名义从事期货交易行为的，期货公司应当承担由此产生的民事责任；非期货公司人员以期货公司名义从事期货交易行为，具备合同法第四十九条所规定的表见代理条件的，期货公司应当承担由此产生的民事责任。"综上所述，交易损失应由被代理人 D 期货公司承担。

三、本案期货交易中是否存在全权委托

全权委托是指期货经纪公司及其工作人员代客户决定交易指令的内容。本案中，杨某并未亲自从事期货交易，而是签发若干空白交易指令单给 D 公司推荐的交易员并告知自己的交易密码，由交易员具体操作。姜某、温某在案件审理中也表示买卖方向、品种、数量等具体交易指令均由其下达，无需征得杨某同意。依前文分析，姜某、温某应当为 D 公司工作人员，其行为代表 D 公司，上述行为已在 D 公司和杨某之间构成全权委托。D 公司在审理中辩称杨某与姜某、温某委托交易系私下进行，与 D 公司无关的说法不能成立。

四、该案的责任承担

最高人民法院《关于审理期货纠纷案件若干问题的规定》第十七条规定："期货公司接受客户全权委托进行期货交易的，对交易产生的损失，承担主要赔偿责任，赔偿额不超过损失的 80%，法律、行政法规另有规定的除外。"

审理中 D 公司认为，依据最高人民法院《关于审理期货纠纷案件若干问题的规定》第二十七条的规定，客户对当日交易结算结果的确认，应当视为对该日之前所有持仓和交易结算结果的确认，所产生的交易后果由客户自行承担。即便本案存有全权委托，但杨某在交易后的日报表及月报表上均进行了签字，该行为应当视为对交易期间所有交易结算结果的确认，由此产生的交易后果也应由杨某自行承担，D 公司不应承担任何赔偿责任。如上文分析，客户对期货交易结果签字，本身就是全权委托的构成要件之一，客户的签字行为并不能改变全权委托的违法性质。

此外，案件中 D 公司和杨某签订的《期货经纪合同》中客户须知部分明确载明，期货经纪公司不得接受客户的全权委托，客户不得要求期货经纪公司以全权委托方式进行期货交易。该约定符合法律规定，双方本应遵守并严格履行，但杨某将交易密码告知姜某、温某，对二人的交易结果也签字确认，虽其口头上没有要求 D 公司以全权委托方式进行期货交易，其行为实质上已符合全权委托的本质特征；期货公司明知二人不具有期货从业资格，仍然推荐姜某、温某给客户杨某代理其交易，明知二人的交易行为但不加以制止。因此，期货公司和杨某均违反了合同约定，对交易损失应按过错程度承担责任。依据最高人民法院《关于审理期货纠纷案件若干问题的规定》第十七条，本案应由期货公司承担主要责任，杨某也应承担一定责任。

【思考与启示】

期货交易实务中，因期货居间引发的纠纷主要集中于以下两个方面，一是期货公司雇佣不具有期货从业资格的员工，接受客户全权委托进行期货交易，一旦给客户造成损失，则利用之前签订的期货居间合同逃避责任。二是即使符合期货居间人的构成要件，许多期货居间人往往并不告知客户其居间身份，客户容易将居间人误认为期货公司员工，并基于表见代理的误解而对其产生信任，进而在期货经纪合同中授权其代理交易或虽未在期货经纪合同中授权却将交易密码告知居间人。

目前网上交易是期货的主要交易方式，客户委托他人代理交易，仅需将交易密码、资金调拨密码告知他人即可；且期货交易具有较高的专业性和复杂性，很多投资者倾向于选择委托较为专业的个人或机构代其进行期货交易，期货公司在这方面具有天然的优势。因此，实践中期货居间人接受客户全权委托进行交易的情形时有发生，给投资者和期货公司均带来极大风险，损害了正常的期货交易秩序。

针对上述问题，首先，期货公司应当树立守法守规开展期货业务的执业理念，严格规范从业人员准入门槛，坚决杜绝从业人员接受客户全权委托的行为。其次，有关监管部门应当规范引导期货公司合法执业，如对期货公司开展业务进行定期或者不定期的检查，对于期货公司违法、违规的案例，发现一起，查处一起，对相关责任人员予以行政处罚，并在行业内进行披露，以督促其他期货公司进行自我检查，完善执业流程，保护投资者的合法利益。最后，投资者应当树立正确的投资理念，加强自我保护意识，对期货公司交易员的从业资质进行全面了解和确认，对期货公司员工的全权委托要求不予接受。同时妥善保管自己的交易密码，时时关注账户动态，对账户异动及时作出反应，确保自身交易资金和账户的安全，以免遭受不必要的损失。

资料来源：根据中国期货业协会典型案例整理编写。

问题：作为期货从业人员，熟悉和掌握相关的法律、法规、规则有何意义？

分析提示：加强守法意识，提高遵守、执行相关法律、法规的自觉性；提高职业道德水准和职业能力水准。

□　实践训练

熟悉期货交易软件的安装与使用。

要求：

①登录某期货经纪公司网站，下载期货行情和交易软件并安装。

②熟悉期货交易的即时行情。

③了解期货交易委托下单的流程。

第5章 国内主要商品期货

学习目标

在学习完本章之后，你应该能够：了解上海期货交易所的铜期货；了解上海期货交易所的黄金期货；了解郑州商品交易所的棉花期货；了解大连商品交易所的玉米期货；了解大连商品交易所的黄大豆期货。

引例

我国成全球第二大商品期货交易市场

尽管只有短短 20 年的发展历史，但我国期货市场成长之快令全球关注。

一系列数据可以勾勒出我国期货市场如此备受关注的原因：2007 年我国期货市场主要农产品交易量占到整个世界农产品成交量的 49%，全球成交量最大的 10 个主要农产品期货合约中有 6 个来自我国期货市场；2008 年年底，在按照期货和期权交易量排名的全球 52 家交易所中，我国三大商品期货交易所均进入前 20 强；截至 2009 年 7 月底，我国期货市场共有 21 个品种上市交易，商品期货成交量已占全球 1/3，成为仅次于美国的全球第二大商品期货市场和第一大农产品期货市场。

国际影响力迅速提升

新中国成立至今的 60 年历史中，期货市场在经历了盲目发展、规范整顿与稳步发展几个阶段后，用短短的 20 年时间，走过了西方发达国家一百多年的发展历程，成长为我国金融市场中一个重要的组成部分，且期货市场的国际地位与影响力日益提高。

追溯期货市场发展历史，1988 年《政府工作报告》提出"加快商业体制改革，积极发展各类批发贸易市场，探索期货交易"，这被认为是我国期货市场酝酿建立的开始。而标志着期货市场诞生的历史时刻，是 1990 年 10 月 12 日郑州粮食批发市场的正式开业。此后，年轻的中国期货市场经历了 20 世纪 90 年代初大起大落的盲目发展阶段与此后长达 7 年的治理整顿期后，我国期货市场如获"重生"般进入平稳健康快速发展的轨道。

随着市场的稳步发展，我国期货市场自 2004 年开始，上市新品种不断增加，期货市场品种体系逐渐完备，成交量与成交金额迅速增长。从最早的小麦期货合约，至最近几年燃料油、棉花、玉米、白糖以及螺纹钢、早籼稻、PVC 等大宗商品期货品种陆续挂牌交易，目前商品期货品种达到 21 个，国际市场主要的大宗商品期货品种除原油外都已在我国上市交易。随着上市品种体系逐渐完备，近几年我国期货市场成交额也保持高速增长。2007 年市场成交金额达到 41 万亿元，是 1993 年的 73 倍；2008 年，我国期货市场共成交合约14亿手，成交金额72万亿元，再创历史新高。从今年上半年的统计看，成交量与成交金额双双继续呈高增长态势，成交金额已经达到49.3万亿元，预计全年有望突破100万亿元大关。

价格发现功能得到发挥

期货市场的重要功能在于价格发现与规避风险，随着我国期货市场的稳步发展，市场功能逐步得到发挥，在服务国民经济发展、为企业规避风险与指导生产安排，以及服务"三农"等方面受到市场越来越多的关注。

随着经济全球化和我国工业化进程的加快，大宗商品价格波动越来越剧烈，对我国实体经济以及企业生产经营造成诸多冲击，因此越来越多的企业开始利用期货市场的价格发现功能，进行套期保值规避风险，并优化资源配置与指导生产经营。在有色金属行业和大豆行业，几乎所有的企业都在跟踪利用有色金属和油料油脂期货市场的价格，如中粮集团、五矿有色、江西铜业、中国铝业、中油燃料油公司等大型国有企业，以及美的电器、宁波金田铜业等民营企业都已积极参与并利用期货市场管理风险。我国是农业大国，已经成长为全球第一大农产品市场的我国期货市场，在服务"三农"方面的功能和作用显现。玉米、小麦、大豆、棉花、早籼稻等主要农产品基本都在期货市场上市交易，形成了一系列能够反映供求关系的价格信号，并通过期货市场强大的信息系统快速传播到全国各地，为我国农业生产提供了一条畅通的信息和物流渠道。目前，在一部分地区和一部分农产品方面，期货市场已经在指导农民合理安排生产与销售，提高农业产业化和标准化，引导农业结构调整等方面发挥积极作用。

稳步发展，前景广阔

与已经走过上百年历史的全球成熟商品期货市场相比，中国期货市场尽管成绩斐然，但也不得不承认目前依然处于初级阶段，未来要走的路还很长。

首先是上市品种方面，尽管目前交易的21个品种已经覆盖农产品、普通金属、贵金属、能源和化工等领域，但从市场广度看，期货品种仍然偏少，尤其是金融期货交易品种缺乏，不能与当前经济发展的需要相适应。目前，全球金融期货已经占全部期货交易量的80%左右，因此在加快上市如原油、汽油、生猪等商品期货品的同时，各种指数期货、期权品种的推出也备受期待。其次，我国期货市场仍以散户投资者为主，目前54万户投资者中只有两万左右法人投资者，专业机构投资者缺乏，因此大力发展期货机构投资者也刻不容缓。此外，作为多种大宗商品生产和消费大国，中国需求在很大程度上决定着多种大宗商品价格走势，但我国期货市场定价权大都还要看国际市场的脸色。因此确立重要商品定价权，成为全球定价中心，这本身与中国经济地位相适应，也有助于经济大国逐渐走向经济强国。

站在新中国成立60周年的今天，回望我国期货市场的发展，人们有理由相信，随着我国期货法规的进一步完善，期货市场逐步规范，金融衍生品在高标准、稳起步的原则下将成为中国期货市场未来发展的亮点，同时伴随着投资者结构的优化以及上市品种的增多，我国期货业将进入一个快速发展的新阶段。

资料来源：佚名. 我国成全球第二大商品期货交易市场［N］. 金融时报，2009-09-23.

这一案例表明：我国商品期货市场已基本形成，上市交易的期货品种较为丰富，商品期货市场在提高我国国际竞争力的过程中有着不可替代的作用。

5.1　上海期货交易所铜期货

5.1.1　铜期货合约

具体参见第 2 章期货合约部分。

5.1.2　铜基础知识

铜是人类最早发现的古老金属之一，早在 3 000 多年前人类就开始使用铜。纯铜呈浅玫瑰色或淡红色，表面形成氧化铜膜后，外观呈紫铜色。

铜具有许多可贵的物理、化学特性。铜的热导率和电导率都很高，仅次于银，大大高于其他金属，该特性使铜成为电子电气工业中举足轻重的材料；铜的化学稳定性强，具有耐腐蚀性，可用于制造接触腐蚀性介质的各种容器，因此广泛应用于能源及石化工业、轻工业中；铜的抗张强度大，易熔接，可塑性、延展性好，纯铜可拉成很细的铜丝，制成很薄的铜箔；铜能与锌、锡、铅、锰、钴、镍、铝、铁等金属形成合金，用于机械冶金工业中的各种传动件和固定件；铜在结构上刚柔并济，可用于建筑和装饰。

世界铜资源主要集中在智利、美国、赞比亚、独联体、秘鲁和波兰等地。智利是世界上铜资源最丰富的国家，探明储量达 1.5 亿吨，约占世界总储量的 1/4；美国探明储量 9 100 万吨，居第二；赞比亚居第三。我国探明的铜资源储量为 6 752.17 万吨，主要分布在江西、云南、湖北、西藏、甘肃、安徽、山西、黑龙江 8 个省。2000 年以来，我国自产铜精矿含铜量徘徊在 56 万 ~ 65 万吨。2005 年铜精矿产量（含铜量）65.1 万吨。

铜的产量在 20 世纪 50 年代至 70 年代得到快速发展，1950 年全世界精铜产量只有 315 万吨，到 1974 年达 770 万吨。但两次石油危机导致了铜消费的萎缩，从而使铜产量大幅下降。20 世纪 90 年代铜产量再次迅速增加，其中以智利最为突出。智利于 1999 年超过美国成为全球最大的精铜生产国，宣告了美国在铜生产方面遥遥领先的时代的结束。2005 年全球精铜产量达 1 656.8 万吨。我国虽然铜资源贫乏，但却是世界主要的精炼铜生产国之一，2005 年阴极铜产量达 258.3 万吨，占世界总产量的 15.57%，仅次于智利。

铜消费相对集中在发达国家和地区。西欧是世界上铜消费量最大的地区，中国从 2002 年起超过美国成为第二大市场并且是最人的铜消费国。2000 年以后，发展中国家铜消费的增长率远高于发达国家。西欧、美国铜消费量占全球铜消费量的比例呈递减趋势，而以中国为代表的亚洲国家（除日本以外）和地区的铜消费量则成为铜消费的主要增长点。2012 年全球消费铜约 20 500 万吨，较 2011 年增长了 2.8%。自 1990 年以来，我国铜的消费进入了一个迅速发展的时期，这与我国的经济建设和改革开放有很大关系。我国经济的高速发展和大规模的基础建设是促进铜消费快速增长的主要原因。而发达国家制造业向中国等发展中国家转移的战略也是我国铜消费增长的重要因素。在过去的 10 年中，中国的铜消费占世界消费量的比例得到了大幅增长。该比例从 1990 年的 7% 上升到 1995 年的 11%；2013 年中国精铜消费 1261.263 万吨，占全球铜消费总量的比例达到了 41.5%。国内铜消费结构为：家电 21%，电力 16%，电子 6%，交通运输 11%，建筑 17%，工业设备 11%，基础设施 7%，其他 11%。

铜精矿的主要出口国有智利、美国、印度尼西亚、葡萄牙、加拿大、澳大利亚等。铜精矿的主要进口国有日本、中国、德国、韩国、印度等。精铜的主要出口国有智利、俄罗斯、日本、哈萨克斯坦、赞比亚、秘鲁、澳大利亚、加拿大等。精铜的主要进口国有中国、美国、日本、韩国、欧共体各国等。我国精炼铜产量、消费量从 2010 年以来一直处于上升的态势，国内的铜产量尚不足以满足日益增加的铜消费量，大约三分之一的铜来自于进口，说明我国对铜的进口依赖还是比较大的。总体上，我国铜呈现出供过于求的局面，2010 年超额供应 65.6 万吨，2011 年超额供应 53.4 万吨，2012 年超额供应 106.5 万吨。部分企业的减产和停产可能会刺激铜进口，但是中长期对铜价影响有限。铜的进口构成中原料比重较大，主要包括精铜、粗铜、废杂铜和铜精矿。我国铜的出口量很少，且以半成品、加工品为主。

5.1.3　影响铜价格变动的因素

1）供求关系

根据微观经济学原理，当某一商品出现供大于求时，其价格下跌，反之则上扬。同时价格反过来又会影响供求，即当价格上涨时，供应会增加而需求减少，反之就会出现需求上升而供给减少的现象，因此价格和供求互为影响。体现供求关系的一个重要指标是库存。铜的库存分报告库存和非报告库存。报告库存又称"显性库存"，是指交易所库存，目前世界上比较有影响的进行铜期货交易的有伦敦金属交易所（LME）、纽约商业交易所（NYMEX）的 COMEX 分支和上海期货交易所（SHFE）。三个交易所均定期公布指定仓库库存。非报告库存又称"隐性库存"，是指全球范围内的生产商、贸易商和消费商手中持有的库存。由于这些库存不会定期对外公布，因此难以统计，故一般都以交易所库存来衡量。

2）国际国内经济形势

铜是重要的工业原材料，对其的需求量与经济形势密切相关。经济增长时，铜需求增加从而带动铜价上升；经济萧条时，铜需求萎缩从而促使铜价下跌。

3）进出口政策

进出口政策，尤其是关税政策是通过调整商品的进出口成本从而控制某一商品的进出口量来平衡国内供求状况的重要手段。目前我国铜原料的进口关税为 2%，出口关税为 5%。

4）用铜行业发展趋势的变化

消费是影响铜价的直接因素，而用铜行业的发展则是影响消费的重要因素。例如，20 世纪 90 年代以后，发达国家在建筑行业中管道用铜增幅巨大，建筑业成为铜消费最大的行业，从而促进了 90 年代中期国际铜价的上升，美国的住房开工率也成了影响铜价的因素之一。2003 年以来，中国房地产、电力的发展极大地促进了铜消费的增长，从而成为支撑铜价的因素之一。在汽车行业，制造商正在倡导用铝代替铜以降低车重从而减少该行业的用铜量。此外，随着科技的日新月异，铜的应用范围在不断拓宽，铜在医学、生物、超导及环保等领域已开始发挥作用。IBM 公司已采用铜代替硅芯片中的铝，这标志着铜在半导体技术应用方面的最新突破。这些变化将不同程度地影响铜的消费。

5）铜的生产成本

生产成本是衡量商品价格水平的基础。铜的生产成本包括冶炼成本和精炼成本。对于不同矿山来说，测算铜的生产成本有所不同，最普遍的是测算"现金流量保本成本"，该成本随副产品价值的提高而降低。20 世纪 90 年代后生产成本呈下降趋势。

目前西方国家火法炼铜平均综合现金成本约为 70～75 美分/磅，湿法炼铜平均成本约 45 美分/磅。湿法炼铜的产量目前约占总产量的 20%。国内生产成本计算与国际上有所不同。

6）基金的交易方向

基金业的历史虽然很长，但直到 20 世纪 90 年代才得到蓬勃的发展，与此同时，基金参与商品期货交易的程度也大幅度提高。从最近十年的铜市场演变来看，基金在诸多大行情中都起到了推波助澜的作用。基金有大有小，操作手法也相差很大。一般而言，基金可以分为两大类：一类是宏观基金，如套利基金，它们的规模较大，少则几十亿美元，多则上百亿美元，主要进行战略性长线投资；另一类是短线基金，这是由 CTA（Commodity Trading Advisors）所管理的基金，规模较小，一般在几千万美元左右，靠技术分析进行短线操作，所以又称技术型基金。

从 COMEX 的铜价与非商业性头寸（普遍被认为是基金的投机头寸）变化来看，铜价的涨跌与基金的头寸之间有非常好的相关性。而且由于基金对宏观基本面的理解更为深刻并具有"先知先觉"，所以了解基金的动向也是把握行情的关键。从近几年尤其是 2005 年以来铜价的走势看，基金是铜价快速大幅上涨的巨大动力。

7）相关商品的价格波动

原油和铜都是国际性的重要工业原材料，它们需求的旺盛与否最能反映经济的好坏，所以从长期来看，油价和铜价的高低与经济发展的快慢有较好的相关性。正因为原油和铜都与宏观经济密切相关，因此就出现了铜价与油价一定程度上的正相关性。但这只是趋势上的一致，从短期来看，原油价格与铜价的正相关性并不十分突出。

8）汇率

国际上铜的交易一般以美元标价，而目前国际上几种主要货币均实行浮动汇率制。随着 1999 年 1 月 1 日欧元的正式启动，国际外汇市场形成美元、欧元和日元三足鼎立之势。由于这三种主要货币之间的比价经常发生较大变动，以美元标价的国际铜价也会受到汇率的影响，这一点可以从 1994—1995 年美元兑日元的暴跌和 1999—2000 年欧元的持续疲软及 2002—2004 年美元的贬值中反映出来。根据以往的经验，日元和欧元汇率的变化会影响铜价短期内的一些波动，但不会改变铜市场的大趋势。汇率对铜价有一定的影响，但决定铜价走势的根本因素是铜的供求关系，汇率因素不能改变铜市场的基本格局，而只是在涨跌幅度上可能会产生影响。

9）生产国的生产状况

智利是铜资源最丰富和世界最大的铜出口国，非洲中部的赞比亚和扎伊尔也是重要的产铜国，它们生产的铜几乎全部用于出口，它们的生产状况对国际铜市场影响很大。这三个国家的政治局势一直不太稳定，劳资纠纷也时常爆发，这对铜价也会产生直接影响。

5.2　上海期货交易所黄金期货

5.2.1　黄金期货合约

具体的黄金期货合约举例见表 5-1。

表 5-1　　　　　　　　　　　上海期货交易所黄金期货标准合约

交易品种	黄金
交易单位	1 000 克/手
报价单位	元（人民币）/克
最小变动价位	0.01 元/克
每日价格最大波动限制	不超过上一交易日结算价的±5%
合约交割月份	1—12 月
交易时间	上午 9：00—11：30，下午 1：30—3：00
最后交易日	合约交割月份的 15 日（遇法定假日顺延）
交割日期	最后交易日后连续 5 个工作日
交割品级	金含量不小于 99.95% 的国产金锭及经交易所认可的伦敦金银市场协会认定的合格供货商或精炼厂生产的标准金锭
交割地点	交易所指定交割金库
最低交易保证金	合约价值的 7%
交易手续费	不高于成交金额的 2‰（含风险准备金）
交割方式	实物交割
交易代码	AU
上市交易所	上海期货交易所

资料来源：上海期货交易所. 黄金期货合约交易操作手册，2011.

5.2.2　黄金基础知识

黄金是人类较早发现和利用的金属，由于它稀少、特殊和珍贵，自古以来被视为五金之首，有"金属之王"的称号，享有其他金属无法比拟的盛誉。正因为黄金具有这样的地位，因此一度是财富和华贵的象征，用于金融储备、货币、首饰等。随着社会的发展，黄金的经济地位和商品应用在不断地发生变化，它的金融储备、货币职能在调整，商品职能在回归。随着现代工业和高科技的快速发展，黄金在这些领域的应用逐渐扩大，到目前为止，黄金在国际储备、货币、首饰等领域中的应用仍然占主要地位。

2006 年全球已开采的黄金大约有 15 万吨，每年大约以 2% 的速度增加。世界主要的黄金资源国是南非、美国、俄罗斯、乌兹别克斯坦、澳大利亚、加拿大、巴西等，其中南非拥有的黄金资源占世界查明黄金资源量的 50%，美国占 12%。在世界 80 多个黄金生产国中，美洲的产量占世界的 33%，其中拉美占 12%，加拿大占 7%，美国占 14%；非洲占 28%，其中南非占 22%；亚太地区占 29%，其中澳大利亚占 13%，中国占 7%。世界黄金市场的黄金供给主要有三种：第一种是经常性供给，来自世界主要产金国，此类供给是稳定的。第二种是诱发性供给，这是由于其他因素刺激导致的供给，主要是金价上扬致使囤金者获利抛售，或使黄金矿山加速开采。第三种是调节性供给，这是一种阶段性不规则的供给，如产油国因油价低迷，会因收入不足而抛售一些黄金。

黄金的需求主要包括消费需求、储备需求和投资需求。

黄金的工业消费需求主要有以下几个方面：首饰业、电子业、牙科以及官方金币、金章和仿金币等。一般来说，世界经济的发展速度决定了黄金的工业总需求。例如，在微电子领域，越来越多地采用黄金作为保护层；在医学以及建筑装饰等领域，尽管科技的进步使得黄金替代品不断出现，但黄金以其特殊的金属性质使其需求量仍呈上升趋势。世界经济的发展状况决定了黄金的居民消费需求，在经济持续增长，人们收入水平持续提高、生活水平不断改善的时候，对黄金饰品、摆件等的需求就会增加。从目前黄金需求结构看，首饰需求占总市场需求的 70% 以上。亚洲特别是中国和印度具有黄金消费的传统和习惯，并且这两个大国的经济正在快速发展，居民经济收入正在快速提高。随着居民收入的快速增长，黄金饰品的消费将会明显增加。

黄金储备是央行用于防范金融风险的重要手段之一，也是衡量一个国家金融健康的重要指标。从目前各中央银行的情况来看，俄罗斯、中国、日本作为经济、政治大国，黄金储备量偏小。作为一个在世界经济中有巨大影响力的国家，黄金储备一般占到外汇储备的 10%。俄罗斯在未来数年将实施增加黄金储备的战略。南非和阿根廷央行也已经公开表态将会回收黄金增加储备。中国、日本也将会紧跟俄罗斯的步伐，减少美元资产而增加黄金等资产。2006 年年底，我国外汇储备达到 10 000 亿美元，而黄金储备却只有 600 多吨，仅占我国外汇储备总额的 1.2%，远远低于世界上发达国家的水平。从保值、增值和分散化投资的角度来看，我国将会调整外汇储备结构，实施多元化战略，包括提高黄金的储备比例。综上，各个国家对黄金储备的需求尚有较大空间。

由于黄金储备与保值资产的特性，人们对黄金还存在投资需求。对于普通投资者，投资黄金主要是在通货膨胀的情况下，达到保值的目的。一方面，人们利用金价波动，入市赚取利润。另一方面，可在黄金与其他投资工具之间套利，如当美元贬值、油价上升时，黄金需求量便会有所增加，价格上涨；当股市上涨时，吸引大量资金，那么黄金需求可能会相应减少，价格下跌。目前，世界局部地区政治局势动荡，石油、美元价格走势不明，导致黄金价格波动比较剧烈，黄金现货及依附于黄金的衍生品种众多，黄金的投资价值凸显，黄金的投资需求被不断放大。

5.2.3　影响黄金价格变动的因素

1) 国际黄金市场供求关系

从历史上看，20 世纪 70 年代以前，国际黄金价格基本比较稳定，波动不大。国际黄金的大幅波动是 20 世纪 70 年代以后才发生的事情。近 30 年来，黄金价格波动剧烈，黄金价格最低 253.8 美元/盎司（1999 年 7 月 20 日），最高 850 美元/盎司（1980 年 1 月 18 日）。1979 年年底至 1980 年年初是黄金价格波动最为剧烈的阶段。造成黄金价格剧烈波动的诱因是 20 世纪 70 年代布雷顿森林体系的瓦解。由于黄金有国际储备功能，因此，国际上黄金官方储备量的变化将会直接影响国际黄金价格的变动。20 世纪 70 年代，浮动汇率制度登上历史舞台后，黄金的货币职能受到削弱，作为储备资产的功能得到加强。各国官方黄金储备量增加，直接导致了国际黄金价格大幅度上涨。20 世纪八九十年代，各国央行开始重新看待黄金在外汇储备中的作用。中央银行日渐独立以及日益市场化，使其更加强调储备资产组合的收益。在这种背景下，没有任何利息收入的黄金地位有所下降，部分中央银行决定减少黄金储备，结果 1999 年比 1980 年的黄金储备减少了 10%，正是由于主要国家抛售黄金，导致当时黄金价格处于低迷状态。近年来，主要西方国家对黄金抛售量达成售金协议——《华盛顿协议（CBGA）》，规定 CBGA 成员每年售金量不超过 400 吨，对投放市场的黄金总量设定了上限，同时还有一些国家特别是亚洲国家在调整它们的外汇储备——增加黄金在外汇储备中的比例。

2）世界主要货币汇率

美元汇率是影响金价波动的重要因素之一。由于黄金市场价格是以美元标价的，美元升值会促使黄金价格下跌，而美元贬值又会推动黄金价格上涨。美元强弱在黄金价格方面会产生非常重大的影响。但在某些特殊时段，尤其是黄金走势非常强或非常弱的时期，黄金价格也会摆脱美元影响，走出独自的趋势。

美元坚挺一般代表美国国内经济形势良好，美国国内股票和债券将得到投资者竞相追捧，黄金作为价值储存手段的功能受到削弱；而美元汇率下降则往往与通货膨胀、股市低迷等有关，黄金的保值功能又再次体现，在美元贬值和通货膨胀加剧时往往会刺激对黄金保值和投机性需求上升。回顾过去 20 多年的历史，美元对其他西方货币坚挺，则国际市场上金价下跌；如果美元小幅贬值，则金价就会逐渐回升。过去 10 年，金价与美元走势存在 80% 的逆相关性。

3）石油供求关系

由于世界主要石油现货与期货市场的价格都以美元标价，石油价格的涨落一方面反映了世界石油供求关系，另一方面也反映出美元汇率的变化、世界通货膨胀率的变化。石油价格与黄金价格间接相互影响。通过对国际原油价格走势与黄金价格走势进行比较可以发现，国际黄金价格与原油期货价格的涨跌存在正相关关系的时间较多。

4）国际政局动荡与战争

国际上重大的政治、战争事件都将影响金价。政府为战争或为维持国内经济的平稳增长而大量支出，政局动荡大量投资者转向黄金保值投资等等，都会扩大对黄金的需求，刺激金价上扬，如第二次世界大战、美越战争、1976 年泰国政变、1986 年"伊朗门"事件，都使金价有不同程度的上升。再如，2001 年的"9·11"事件曾使黄金价格飙升至当年的最高价。但战争对金价的影响需综合考虑，历史上也有战争时期金价下跌的例子。

5）其他因素

除了上述影响金价的因素外，国际金融组织的干预活动，本国和地区的中央金融机构的政策法规，也会对世界黄金价格的走势产生重大的影响。

5.3　郑州商品交易所白糖期货

5.3.1　白糖期货合约

具体的白糖期货合约见表 5-2。

5.3.2　食糖基础知识

食糖是天然甜味剂，是人们日常生活的必需品，同时也是饮料、糖果、糕点等含糖食品和制药工业中不可或缺的原料。食糖生产的基本原料是甘蔗和甜菜，甘蔗生长于热带和亚热带地区，甜菜生长于温带地区。

我国是重要的食糖生产国和消费国，糖料种植在我国农业经济中占有重要地位，其产量和产值仅次于粮食、油料、棉花，居第四位。我国甘蔗糖主产区主要集中在南方的广西、云南、广东湛江等地，甜菜糖主产区主要集中在北方的新疆、黑龙江、内蒙古等地。尽管原料不同，但甘蔗糖和甜菜糖在品质上没有什么差别，国家标准对两者同样适用。

表 5-2

郑州商品交易所白糖期货合约

交易品种	白砂糖
交易单位	10 吨/手
报价单位	元（人民币）/吨
最小变动价位	1 元/吨
每日价格最大波动限制	不超过上一个交易日结算价的±4%
合约交割月份	1、3、5、7、9、11 月
交易时间	每周一至周五上午 9：00—11：30，下午 1：30—3：00（法定节假日除外）
最后交易日	合约交割月份的第 10 个交易日
交割日	合约交割月份的第 12 个交易日
交割品级	标准品：一级白糖（符合 GB 317-2006）；替代品及升贴水见《郑州商品交易所期货交割细则》
交割地点	交易所指定仓库
最低交易保证金	合约价值的 6%
交易手续费	4 元/手（含风险准备金）
交割方式	实物交割
交易代码	SR
上市交易所	郑州商品交易所

资料来源：根据郑州商品交易所网站相关资料整理。

世界食糖年产量 1.21 亿～1.40 亿吨，年产量超过 1 000 万吨的国家和地区包括巴西、印度、欧盟、中国等，其中巴西产量超过了 2 000 万吨。巴西、欧盟、泰国是世界食糖主要出口国家和地区，其产量和供应量对国家市场的影响较大。特别是巴西，作为世界食糖市场最具影响力和竞争力的产糖国，其每年的糖产量、货币汇率及政府的糖业政策直接影响着国际食糖市场价格的变化走向。世界食糖年消费量约 1.24 亿吨，消费量较大的国家和地区包括印度、欧盟、中国、巴西等。从近几年消费情况来看，印度食糖年消费量维持在 1 900 万吨左右，欧盟年消费量维持在 1 500 万吨左右，中国年消费量已增长至 1 100 万吨左右，巴西年消费量在 950 万吨左右。

世界食糖贸易量每年约为 3 700 万吨，以原糖为主。食糖的主要出口国家和地区为巴西、欧盟、泰国、澳大利亚、古巴等，主要进口国家和地区为俄罗斯、美国、印度尼西亚、欧盟、日本等。食糖主要进口国家和地区的消费量和进口量相对比较稳定，而主要出口国家和地区的生产量和出口量变化较大，出口国家和地区出口量的变化对世界食糖市场的影响比进口国家和地区进口量的变化对世界食糖市场的影响大。我国食糖处于供求基本平衡的状态，略有缺口，进口食糖以原糖为主。

5.3.3　影响食糖价格变动的因素

1）主要出口国及消费国的情况

巴西、泰国、欧盟、澳大利亚、古巴是全球食糖主要生产国家和地区以及出口国家和地区，这些国家和地区的食糖产量、出口量、价格及政策是影响国际食糖市场价格的主要因素。印度、俄罗斯、中国、印度尼西亚、巴基斯坦等国是全球主要食糖消费国或进口国，这些国家的食糖消费量、消费习惯、进口政策、本国产量等也是影响国际食糖市场价格的主要因素。

2）自然灾害对主要产糖国食糖生产的影响

作为一种农产品，各国的食糖生产不可避免地将受到洪涝和干旱天气等自然灾害的影响，近年来自然灾害对食糖生产的冲击尤为明显，比如，北美地区出现的"卡特里娜"飓风、"利塔"飓风，导致美国及中美洲等国的食糖产量下降。

3）国际石油价格对食糖市场的影响

因为国际石油价格不断上涨，一些国家为减少对石油的依赖性纷纷加入了寻找生物替代能源的行列，因此甘蔗已不再单一地作为一种农产品，市场方面已越来越把糖看作是一种能源产品，因为甘蔗能直接转化成生物替代能源——酒精，不仅如此，市场方面已把食糖价格的走势与石油价格的走势紧密地联系在一起，石油价格的涨跌不仅影响着全球经济状况，影响国际运费，还会影响酒精产量，进而影响全球食糖产量。因此，石油价格的涨跌不可避免地将影响食糖价格的走势。

4）食糖库存

在一定时期内，一种商品库存水平的高低直接反映了该商品供需情况的变化，是商品供求格局的内在反映。因此，了解食糖库存变化有助于了解食糖价格的运行趋势。一般地，在库存水平提高的时候，供给宽松；在库存水平降低的时候，供给紧张。结转库存水平和食糖价格常常呈现负相关关系。就我国来讲，国家收储以及工业临时收储加上糖商的周转库存在全国范围内形成一个能影响市场糖价的库存。在糖价过高（过低）时，国家通过抛售（收储）国储糖来调节市场糖价。预估当年及下一年的库存和国家对食糖的收储与抛售对于准确估测食糖价格具有重要意义。

5）季节性

食糖是季产年销的大宗商品，在销售上就有其固有的、内在的规律。在我国，每年的10月至次年的4月为甘蔗集中压榨时间，由于白糖集中上市，造成短期内白糖供给十分充足；随着时间的推移和持续不断的消费，白糖库存量也越来越少。而价格也往往随之变化，具有季节性特征。

6）政策因素

国际食糖组织的有关政策、欧盟国家对食糖生产者的补贴、美国政府的生产支持政策等，对全世界食糖供给量均有重要影响。各国食糖进出口政策和关税政策也是不容忽视的因素，如美国实行食糖的配额制度管理，按照配额从指定国家进口食糖，进口价格一般高于国际市场价格。美国不出口原糖，但却大量出口由原糖精炼而成的食用糖浆。因此，产糖国若向美国出口，必须首先获得美国的进口配额。巴西、古巴、独联体各国用控制种植面积的方法，有计划地控制产糖量。印度、菲律宾、泰国政府则依据国内市场情况控制出口数量，随时调整有关政策。由于政府的干预，使得国内和国际糖价既有一定的联动性，又经常背离。

我国已经全面放开了食糖市场，但食糖一直是国家宏观管理的重要商品之一。国家采取以下措施进行宏观调控：一是产区政府实行甘蔗收购价与食糖销售价挂钩；二是建立中央和地方两级食糖储备；三是出台食糖指导价和自律价；四是食糖进口由国家发改委统筹安排。目前与糖业管理有关的主要政府部门及组织有：国家发改委、商务部、农业部及中国糖业协会。

7）替代品

甜味剂是食糖的主要替代品，它的使用减少了食糖的正常市场份额，对糖的供给、价格有一定的影响。甜味剂主要包括以下几种：一是淀粉糖。2004 年我国约生产淀粉糖 430 万吨，同比增加 22.8%。二是糖精。其甜味是白砂糖的 500 倍，我国实行指令性计划管理，共有 5 家生产企业，2004 年我国生产糖精 24 718 吨。三是甜蜜素。2004 年我国生产甜蜜素 5.5 万吨。

8）节假日

在一年中，春节和中秋节是我国白砂糖消费量最大的节假日。两个节假日前一个月由于食品行业的大量用糖，使糖的消费进入高峰期，这个时期的糖价往往比较高。两个节日之后的一段时期，由于白砂糖消费量的降低，糖价往往回落。8、9 月份是用糖高峰期，月饼、北方的蜜饯、饮料、饼干都需要很多糖，会拉动刺激食糖消费。

9）国际期货市场的联动性

随着国际一体化进程的发展，世界上主要食糖期货市场价格的相互影响也日益增强。中国是世界上主要的食糖生产、消费和进口国之一，国内食糖现货价格同国际食糖价格相关性很强，国内食糖期货价格同国际食糖价格在变动趋势上具有一定的趋同性。

10）美元币值变化和全球经济增长情况对食糖市场的影响

作为用美元计价的商品，食糖价格的走势除受自然灾害的影响外，无疑还受美元币值的升降和全球经济增长快慢的影响。通常情况下，美元币值下跌意味着非美元区购买食糖的成本下降，购买力增强，对国际食糖市场的支撑力增强；反之，将抑制非美元区的消费需求。

5.4　大连商品交易所玉米期货

5.4.1　玉米期货合约

具体的玉米期货合约见表 5-3。

5.4.2　玉米基础知识

玉米为禾本科，属一年生草本植物。在全球三大谷物中，玉米总产量和平均单产均居世界首位。中国的玉米栽培面积和总产量均居世界第二位。在世界谷类作物中，玉米的种植范围很广。玉米的播种面积以北美洲最多，其次为亚洲、拉丁美洲、欧洲等。玉米占世界粗粮产量的 65% 以上，占我国粗粮产量的 90%。玉米籽粒中含有 70%～75% 的淀粉，10% 左右的蛋白质，4%～5% 的脂肪，2% 左右的多种维生素。以玉米为原料制成的加工产品有 3 000 种以上。玉米是制造复合饲料的最主要原料，一般占 65%～70%。玉米也是世界上最重要的粮食之一，现今全世界约有 1/3 人口以玉米籽粒作为主要粮食。

全世界每年种植玉米 1.3 亿多公顷，总产量近 7 亿多吨，占全球粮食总量的 35% 左右，主要分布国家有美国、中国、巴西、阿根廷，这四个国家的总产量约占全世界总产量的 70% 以上，其中美国占 40% 以上，中国占 20% 左右。我国是玉米生产大国，总产量居世界第二，玉米生产区域分布广泛，辽、吉、黑、蒙、晋、冀、鲁、豫 8 省区生产了全国

表 5-3　　　　　　　　　大连商品交易所玉米期货合约

交易品种	玉米
交易单位	10 吨/手
报价单位	元（人民币）/吨
最小变动价位	1 元/吨
涨跌停板幅度	上一交易日结算价的 ±4%
合约月份	1、3、5、7、9、11 月
交易时间	周一至周五 9：00—11：30，13：30—15：00
最后交易日	合约月份第 10 个交易日
最后交割日	最后交易日后第 3 个交易日
交割等级	符合《大连商品交易所玉米交割质量标准》
交割地点	大连商品交易所玉米指定交割仓库
交易保证金	合约价值的 5%
交易手续费	不超过 3 元/手
交割方式	实物交割
交易代码	C
上市交易所	大连商品交易所

资料来源：根据大连商品交易所网站相关资料整理。

70% 以上的玉米，尤其是东北地区（含内蒙古），常年玉米播种面积为 900 万 ~ 1 000 万公顷，正常年份玉米产量为 5 000 万 ~ 6 000 万吨，占全国玉米总产量的 40% 左右，是我国最大的玉米商品粮产地。华北黄淮地区（包括京、津、晋、冀、鲁、豫、苏和皖）常年玉米播种面积为 900 万 ~ 1 000 万公顷，正常年份玉米产量为 2 800 万 ~ 3 000 万吨，产量约占全国总产量的 20%，但商品率低于东北地区。

在过去的几年中，全球玉米的进出口贸易总量约保持在 9 000 万 ~ 10 000 万吨，从出口国看，美国、中国和阿根廷等玉米主产国家也是玉米出口大国。美国年出口玉米在 5 000 万吨，占全球玉米贸易总量的 65% ~ 70%。阿根廷年出口玉米约 1 200 万吨，较为稳定。中国年出口玉米保持在 600 万 ~ 1 500 万吨的水平，出口并不稳定。我国的玉米出口港主要有大连、锦州和营口，其中大连的出口量占总量的 70%。玉米的主要进口国集中在亚洲地区，其中日本年进口量约为 1 600 万吨，其进口的玉米主要来自美国；韩国年进口量约为 800 万吨，其进口的玉米主要来自中国。

全球每年玉米总消费量自从 1999—2000 年度开始就保持在 6 亿吨以上。玉米的消费主要有四方面，即食用、饲用、工业加工及种用。玉米是"饲料之王"，2005—2006 年度，全球饲用玉米消费 4.66 亿吨，占玉米消费总量 7.3 亿吨的 63.8%。未来随着全球玉米加工产业的发展，对玉米消费的需求还会增加，产需之间的矛盾会更加突出。我国作为玉米消费大国，玉米消费主要用于饲料和工业消费，二者占到了 85% 以上。随着城乡居民生活水平的提高，包括玉米淀粉、酿造、医药、燃料乙醇等方面的玉米深加工得到了快速发展。2000 年以前，我国连续几年取得了农业丰收，玉米供过于求，从 2000 年开始，农业种植结构调整，玉米种植面积有所下降，玉米总产量下降较快，而同期玉米需求却上升较快，造成玉米的供求缺口较大，并有逐年上升的趋势。

5.4.3　影响玉米价格变动的因素

1）玉米的供给

从历年来的生产情况看，在国际玉米市场中，美国的产量占 40% 以上，中国的产量占近 20%，南美的产量大约占 10%，成为世界玉米的主产区，其产量和供应量对国际市场的影响较大，特别是美国的玉米产量成为影响国际供给最为重要的因素。其他国家和地区的产量比重都较低，对国际市场影响较小。

2）玉米的需求

美国和中国既是玉米的主产国，也是主要消费国，对玉米消费较多的国家还有欧盟各国、日本、巴西、墨西哥等，这些国家玉米消费需求的变化对价格的影响较大，特别是近年来，各主要消费国玉米深加工工业发展迅速，大大推动了玉米消费需求的增加。从国内情况来看，玉米消费主要来自口粮、饲料和工业加工。其中，口粮消费总体变化不大，对市场的影响相对较小；饲料用玉米所占的比例最高，达 70% 以上，饲料用玉米需求的变化对市场的影响比较大；工业加工用玉米所占比例虽然只占 14% 左右，但近年来发展很快，年平均用量增加 200 多万吨，对市场的影响也非常明显。

3）玉米进出口

玉米进出口对市场的影响非常大。玉米进口会增加国内供给总量，玉米出口会导致需求总量增加。对国际市场而言，要重点关注美国、中国、阿根廷等世界主要玉米出口国和日本、韩国、东南亚地区玉米的进口情况，这些国家和地区玉米生产、消费的变化对国际玉米进出口贸易都有直接影响。对国内市场而言，要重点关注国内出口方面的政策，出口对国内玉米市场有较明显的拉动作用。

4）玉米库存

在一定时期内，一种商品库存水平的高低直接反映了该商品供需情况的变化，是商品供求格局的内在反映。因此，研究玉米库存变化有助于了解玉米价格的运行趋势。一般地，在库存水平提高的时候，供给宽松；在库存水平降低的时候，供给紧张。结转库存水平和玉米价格常常呈现负相关关系。

5）玉米的成本收益情况

玉米的成本收益情况是影响农民种植积极性的主要因素之一，玉米成本对市场价格有一定的影响力，市场粮价过低，农民会惜售；收益情况会影响农民对下一年度玉米种植的安排，收益增加，农民可能会增加种植面积，反之可能会减少种植面积。

6）与其他大宗农产品的比价关系

玉米与其他大宗农产品的比价关系会对玉米的供需产生影响，进而影响玉米的产销情况，导致玉米未来价格的走势发生变化，因此，研究这种比价关系非常重要，其中，玉米与大豆的种植比价关系、与小麦的消费比价关系最为重要。

7）金融货币因素

利率变化以及汇率波动已成为各国经济生活中的普遍现象，而这些因素的变化常会引起商品期货行情波动。总的来说，当货币贬值时，玉米期货价格会上涨；当货币升值时，玉米期货价格会下跌。因此，货币的利率和汇率是除了供给量、需求量和经济周期等决定玉米期货价格的主要因素之外的另一个重要的影响因素。

8）经济周期

世界经济是在繁荣与衰退周期性交替中不断发展的，经济周期是现代经济社会中不可避免的经济波动，是现代经济的基本特征之一。在经济周期中，经济活动的波动发生在几乎所有的经济部门。因此，经济周期是总体经济而非局部经济的波动。衡量总体经济状况的基本指标是国民收入，经济周期也就表现为国民收入的波动，并由此而发生产量、就业、物价水平、利率等的波动。经济周期在经济的运行中周而复始地出现，一般由复苏、繁荣、衰退和萧条四个阶段构成。受此影响，玉米的价格也会出现相应的波动，从宏观层面进行分析，经济周期是非常重要的影响因素之一。

9）贮存、运输成本

贮存、运输成本的高低对玉米的价格也有影响。全球玉米的运输一般是海运，原油价格上涨、海运费用上升都会提高玉米的运输成本，相应提高玉米的价格。

5.5　大连商品交易所黄大豆期货

5.5.1　黄大豆期货合约

具体的黄大豆期货合约见表5-4。

表 5-4　　　　　　　　　　　　黄大豆 1 号期货合约

交易品种	黄大豆 1 号
交易单位	10 吨/手
报价单位	元（人民币）/吨
最小变动价位	1 元/吨
涨跌停板幅度	上一交易日结算价的±4%
合约交割月份	1、3、5、7、9、11 月
交易时间	每周一至周五 9：00—11：30，13：30—15：00
最后交易日	合约月份第 10 个交易日
最后交割日	最后交易日后 3 日（遇法定节假日顺延）
交割等级	略
交割地点	大连商品交易所指定交割仓库
交易保证金	合约价值的 5%
交易手续费	不超过 4 元/手
交割方式	集中交割
交易代码	A
上市交易所	大连商品交易所

资料来源：根据大连商品交易所网站相关资料整理。

5.5.2　大豆基础知识

大豆属一年生豆科草本植物，俗称"黄豆"。中国是大豆的原产地，已有 4 700 多年种植大豆的历史。欧美各国栽培大豆的历史很短，大约在 19 世纪后期才从中国传入。20 世纪 30 年代，大豆栽培已遍及世界各国。

大豆分为转基因大豆和非转基因大豆。1994 年，美国孟山都公司推出的转基因抗除草剂大豆成为最早获准推广的转基因大豆品种。2001 年，全球大豆种植总面积中有 46% 是转基因品种。美国、阿根廷是转基因大豆主产区，中国种植的是非转基因大豆。

大豆是一种重要的粮油兼用农产品。作为食品，大豆是一种优质高含量的植物蛋白资源，它的脂肪、蛋白质、碳水化合物、粗纤维的组成比例非常接近肉类食品。大豆的蛋白质含量为 35% ~ 45%，比禾谷类作物高 6 ~ 7 倍。联合国粮农组织极力主张发展大豆食品，以解决目前发展中国家蛋白质资源不足的现状。作为油料作物，大豆是世界上最主要的植物油和蛋白质饼粕的提供者。每 1 吨大豆可以制出大约 0.18 吨的豆油和 0.8 吨的豆粕。用大豆制取的豆油，油质好、营养价值高，是一种主要食用植物油。作为大豆榨油的副产品，豆粕主要用于补充喂养家禽、猪、牛等的蛋白质，少部分用在酿造及医药工业上。

多年来，世界大豆的种植以亚洲、北美和南美面积为最大，美国、阿根廷、巴西、中国是大豆的主要生产国。过去 20 年，上述四国大豆产量占全球总产量的比重在 87% ~ 91% 之间，集中度很高。美国大豆不仅产量居全球首位，其出口量也居全球首位，美国每年的大豆出口量约占全球出口总量的 40%。庞大的生产能力和出口量使全球大豆市场对美国市场高度关注。

在国际期货市场上，芝加哥期货交易所、东京谷物交易所都进行大豆期货合约交易。大连商品交易所于 2002 年 3 月 15 日挂牌交易"黄大豆 1 号期货合约"，合约标的物为非转基因黄大豆。随后于 2004 年 12 月 22 日挂牌交易"黄大豆 2 号期货合约"，它是采用以含油率为交割质量标准的大豆合约，国产大豆和进口大豆均可参与交割，没有转基因和非转基因之分。

5.5.3　影响黄大豆价格变动的主要因素

1）大豆供应情况

全球大豆以南北半球分为两个收获期，南美（巴西、阿根廷）大豆的收获期是每年的 3—5 月份，而地处北半球的美国、中国的大豆收获期是 9～10 月份。因此，每隔 6 个月，大豆都有集中供应。美国是全球大豆最大的供应国，其生产量的变化对世界大豆市场会产生较大的影响。我国是国际大豆市场最大的进口国之一，转基因大豆的进口量和进口价格直接对国内大豆供给市场产生影响，从而对非转基因大豆的价格产生影响。因此，大豆的进口量和进口价格对国内市场上的大豆价格影响非常大。

2）大豆消费情况

大豆的主要进口国是欧盟各国、中国、日本和东南亚国家。欧盟各国、日本的大豆进口量相对稳定，中国、东南亚国家的大豆进口量则变化较大。1997 年，亚洲发生金融危机，东南亚国家的大豆进口量锐减，导致国际市场大豆价格下跌。大豆的食用消费相对稳定，对价格的影响较弱。大豆压榨后，豆油、豆粕产品的市场需求变化不定，影响因素较多。大豆的压榨需求变化较大，对价格的影响比较大。

3）相关商品价格

作为食品，大豆的替代品有豌豆、绿豆、芸豆等；作为油籽，大豆的替代品有菜籽、棉籽、葵花籽、花生等。这些替代品的产量、价格及消费的变化对大豆价格也有间接影响。大豆的价格与它的后续产品豆油、豆粕有直接的关系，这两种产品的需求量变化，将直接导致大豆需求量的变化，从而对非转基因大豆的价格产生影响。

4）大豆国际市场价格

中国大豆的进口量在世界大豆贸易量中占有较大的比重，国际市场大豆价格与国内大豆价格之间互为影响。国际市场大豆价格上涨将对国内的大豆进口量产生影响，影响国内大豆供应量，从而对国内的非转基因大豆的需求产生影响，继而导致国内非转基因大豆的价格上涨。同时国际市场大豆价格的上涨会对人们的心理产生影响，预期国内的大豆价格有可能会上升，也有可能会使期货价格上涨。

5）贮存、运输成本

运输成本会对大豆价格产生明显影响。在进口大豆占到国内总消费量的60%以上的情况下，直接影响进口大豆价格变化的国际船运价格将直接影响着国内大豆的价格变化。同时，国内地区性的运力紧张，也将拉动运输成本的上升，间接刺激大豆价格的上涨。因此，与运费相关的运力紧张状况、原油价格、钢材价格等都是影响大豆价格的间接因素。

案例分析 5-1

决定 2013 年国际金价走势最重要的因素是实物需求

据港媒报道，过往 12 年间，投资者似乎习惯了黄金牛市。不过近两周金价一度大跌 200 美元，金价从年初至今累跌近 20%，有分析担忧黄金牛市可能转入熊市。

金价自 2001 年创下最低点每盎司 253 美元以来，已经连涨 12 年，然而 2012 年金价全年涨幅仅为 7%，创 2008 年以来涨幅新低。从 2008 年年底美国实施第一轮量化宽松政策开始，以美元标价的黄金的牛市势头便一发不可收拾。2011 年 9 月在美国第二轮量化宽松政策的刺激下，黄金站上 1 923.7 美元的新高，12 年黄金牛市在 2011 年达到最高峰。

对于金价今年的表现，金融机构普遍看空未来走势。德意志银行年初发布研究报告表示，下调今明两年金价预期，将今年黄金平均价格预期下调 12%，由此前的每盎司 2 110 美元降至每盎司 1 856 美元；将 2014 年黄金平均价格预期下调 5%，由此前的每盎司 2 000 美元降至每盎司 1 900 美元。此前，已有瑞信、汇丰、法国巴黎银行和高盛下调了未来全球金价预期。

有分析称，决定 2013 年国际金价走势最重要的因素是实物黄金的需求。德意志银行称，就去年来看，各国央行在遏制西方经济体系内部过高金融杠杆风险的努力取得显著成效，致使黄金投资需求大幅削弱。

瑞信贵金属分析师汤姆·肯德尔于今年 2 月称："知名投资机构的大举抛售，为黄金市场的悲观情绪火上浇油，这印证了关于黄金牛市已见顶的判断。"

高盛证券近期发表报告称，黄金作为"避险天堂"的角色已被削弱，并预计未来天然气将取代黄金成为新的大宗商品类避险资产。该行预计，今明两年黄金均价分别为 1 545 美元及 1 350 美元。高盛国际资产管理董事长奥尼尔（Jim O'Neill）对媒体表示，持续约 10 年的黄金牛市已经结束，长线已见顶。

资料来源：佚名. 决定 2013 年国际金价走势最重要的因素是实物需求 [EB/OL].
(2013-04-22). http://finance.ifeng.com/gold/jskxqb/20130422/7943037.shtml.

问题：根据上述资料，分析国际对金价看跌的原因。

分析提示：宏观经济分析、投资者的抛售行为等。

▊ 知识掌握

5.1　影响铜价格走势的因素有哪些？

5.2　影响黄金价格走势的因素有哪些？

5.3　影响白糖价格走势的因素有哪些？

5.4　影响玉米价格走势的因素有哪些？

5.5　影响黄大豆价格走势的因素有哪些？

▊ 知识应用

□ 案例分析

大豆　长牛根基未改

2002 年以来，国内大豆市场出现了一轮长达 10 年的大牛市，其内在动力来自于中国的城市化进程产生的大豆蛋白和豆油需求的迅猛增长。可以说，只要中国的城市化进程持续，未来大豆市场的牛市也将会持续。

中国城市化进程仍会持续

经过 20 多年的高速增长，目前中国经济正逐渐进入结构调整期。中国拥有世界 20% 的人口和占全球 11% 的 GDP，但其消费额只占全球的 3%，因此，中国在增加消费需求方面仍有很大的调整空间。另外，中国还拥有 3 万亿美元的外汇储备，可以选择的政策调控手段也很多。因此，虽然问题很多，但只要应对得当，未来中国经济将不会出现硬着陆。我国政府从 2011 年开始对高房价和高通胀进行主动调控，目前已经初见成效，房价和通胀水平均开始回落。目前，我国的城市化率仅为 52%，经过结构调整，中国的城市化进程仍会持续，未来 10 年中国经济仍有望保持增长。

中国城市化进程的推进，将使城镇居民饮食消费结构进一步升级，对动植物蛋白的消费将持续增长，这将从根本上支撑大豆市场的牛市格局。

豆价底部逐渐上移

近两年来，由于原油价格高企，农药、化肥等生产资料价格不断上涨，再加上劳动力成本不断上升，国内农作物的生产成本也不断上升。从目前的情况看，由于原油价格受地缘政治影响仍维持在 100 美元/桶的高位，2012 年春播时的农药、化肥以及农机柴油等成本仍将高企，人工成本继续保持刚性增长。根据调查，今年东北地区的包地费用也大幅增加，由去年的 4 000 元/垧（公顷）增加到 5 000 元/垧。因此，预计 2012 年大豆的种植成本会较去年上涨 10% ~20%。

为了保护农民利益，增加农民种植大豆的积极性，国家连年提高国产大豆最低收购价。2010 年国储最低收购价是 1.90 元/斤，2011 年增加到 2.0 元/斤。预计 2012 年国家对国产大豆的最低收购价会再次提高，这将进一步推动国产大豆价格底部区间上移。

种植面积持续下降

近两年来，由于国产大豆种植效益偏低，不少豆农开始改种玉米、水稻等其他作物。从历年中国大豆产量与种植面积数据可以看出，国内大豆种植面积正逐年萎缩，2011年大豆种植面积已经下降至近20年的低点，仅高于1992年度，总产量也是连续三年下降。预计在2012年度这一趋势仍将持续，这对大豆新作合约将构成强劲利多。

"拉尼娜"将限制大豆产量

根据气象监测数据，2011—2012年度出现"拉尼娜"是大概率事件。这一现象可能持续到2012年6月份，强度也高于此前预测。这对北半球大豆的种植和生长都将产生不利影响。预计2012年"拉尼娜"气候等极端天气将影响北半球大豆的产量前景，这将进一步加剧全球大豆的供需缺口。

综合来看，中国的城市化进程持续推进构成大豆牛市的基础。根据大豆供求模型推算，2012年度北半球大豆种植面积以及产量继续下降的可能性很大。这将进一步消耗大豆库存，造成库存消费比的进一步下降，大豆供需基本面支持远期大豆价格上涨。

资料来源：李金元. 大豆　长牛根基未改［N］. 期货时报，2012-02-14.

问题：本案例从哪些方面论述了影响大豆未来价格的因素？

分析提示：宏观经济、供求关系、种植面积、天气因素等因素。

□ 实践训练

熟悉上海期货交易所交易的其他期货品种。

要求：

①了解上海期货交易所铝、锌、燃料油、天然橡胶的期货合约。

②通过网络查找关于铝、锌、燃料油和天然橡胶的基础知识。

③总结影响上述商品价格走势的主要因素。

第 6 章　金融期货

学习目标

在学习完本章之后，你应该能够：了解利率期货的概念和世界主要利率期货品种；了解外汇期货的概念和世界主要外汇期货品种；了解股指期货的概念和世界主要股指期货品种；熟知沪深 300 股指期货合约条款的含义。

引例

国债期货中止 17 年将重启：下周一仿真交易　最高杠杆 33 倍

中止 17 年的中国国债期货将重启。昨日，中国金融期货交易所（下称"中金所"）宣布将于 2 月 13 日正式启动国债期货仿真交易。

此前，国债期货作为中国金融期货的先驱，曾于 1992 年开始进行交易试点，试点交易历时两年半之后，1995 年发生的"327 国债事件"，使得监管层于当年 5 月叫停了中国国债期货交易。

市场人士认为，2010 年融资融券和股指期货的相继推出，为股市规避系统性风险提供了高效的风险管理工具，中国恢复和发展国债期货交易的必要性和可行性逐渐具备。而下周一开始的仿真交易，即为中国国债期货将要重启的前奏。

根据中国金融交易所消息，下周一开始的国债期货仿真交易选择了面额为 100 万元、票面利率为 3% 的 5 年期名义标准国债为合约标的。合约月份为最近的 3 个季月（3、6、9、12 季月循环）；每日价格最大波动限制为上一交易日结算价的 ±2%；最低交易保证金为合约价值的 3%；交割方式为实物交割，可交割债券为在最后交割日剩余期限 4 ~ 7 年（不含 7 年）的固定利息国债；合约代码为 TF。

市场人士表示，重启国债期货，能够为市场提供重要的风险管理工具，形成由债券发行、交易、风险管理三级构成的完整的债券市场体系；为债券市场提供有效的定价基准，形成健全完善的基准利率体系；有利于活跃国债现券交易，提高债券市场流动性，推动债券市场的统一互联；有助于促进债券发行，扩大直接融资比例，推动债券市场的长远发展，更好地发挥服务实体经济的作用。

资料来源：佚名. 国债期货中止 17 年将重启：下周一仿真交易　最高杠杆 33 倍 [N]. 东方早报，2012-02-10.

这一案例表明：金融期货和商品期货本质上是一致的，都具有价格发现和规避现货价格风险的功能，只不过金融期货合约的标的物不是普通商品，而是金融产品，比如国债期货合约的标的为国债，沪深 300 股指期货合约的标的为沪深 300 指数。

6.1　金融期货概述

金融期货（financial futures）是指以金融工具为标的物的期货合约。金融期货一般分为三类：外汇期货、利率期货和股票指数期货。金融期货作为期货交易中的一种，具有期货交易的一般特点，但与商品期货相比较，其合约标的物不是实物商品，而是传统的金融产品，如货币、债券、股票指数等。

6.1.1　利率期货

1）利率期货的概念

各种债务凭证，如国债、银行存款等，对利率极其敏感，利率的少许波动都会引起它们的大幅波动，给其持有者带来了巨大的风险。为了控制利率风险，减少利率波动的影响，人们创造出利率期货来实现这一目的。

利率期货是指以债券类证券为标的物的期货合约，它可以回避利率波动所引起的证券价格变动的风险。

2）利率期货的产生与发展

20 世纪 70 年代中期以来，为了治理国内经济和在汇率自由浮动后稳定汇率，西方各国纷纷推行金融自由化政策，以往的利率管制得以放松甚至取消，导致利率波动日益频繁和剧烈。面对日趋严重的利率风险，各类金融商品持有者，尤其是各类金融机构迫切需要一种既简便可行又切实有效的管理利率风险的工具。利率期货正是在这种背景下应运而生的。

1975 年 10 月，芝加哥期货交易所推出了政府国民抵押贷款协会（GNMA）抵押凭证期货合约，标志着利率期货这一新的金融期货类别的诞生。在这之后不久，为了满足人们管理短期利率风险的需要，1976 年 1 月，芝加哥商业交易所的国际货币市场推出了 3 个月期的美国短期国债期货交易，并大获成功，在整个 70 年代后半期，它一直是交易最活跃的短期利率期货。

知识链接6-1

政府国民抵押贷款协会

美国政府国民抵押贷款协会（Government National Mortgage Association，GNMA）也称 Ginnie Mae，是作为住宅和城市发展部附属部门的政府机构，作为美国政府机构，其信用完全由美国政府担保。它是由 1968 年美国政府将联邦国民抵押贷款协会分拆而形成的。

在二级市场上，由政府全资的政府国民抵押贷款协会（Ginnie Mae）和另两家政府发起设立的私营证券化公司：联邦国民抵押贷款协会（Fannie Mae，房利美）和联邦住宅抵押贷款公司（Freddie Mac，房地美），都由于有政府或准政府机构的信用担保，它们发行的抵押贷款证券均被评定为 AAA 级证券，监管机构视此为与国债一样的无风险证券，是金融机构可以无限持有的金融资产。

资料来源：根据中国人民银行网站相关内容整理。

1977 年 8 月 22 日，美国长期国债期货合约在芝加哥期货交易所上市，这是利率期货发展历程上具有里程碑意义的一个重要事件，美国长期国债期货合约获得了空前的成功，成为世界上交易量最大的一个合约。继美国推出国债期货之后，其他国家和地区也纷纷以其长期公债为标的，推出各自的长期国债期货，其中，比较成功的有英国、法国、德国、日本等。

1981 年 12 月，芝加哥商业交易所的国际货币市场推出了 3 个月期的欧洲美元定期存款期货合约。所谓欧洲美元，即存放于美国境外的美元存款。这一品种发展很快，其交易量现已超过短期国债期货合约，成为短期利率期货中交易最活跃的一个品种。1981 年 7 月，芝加哥商业交易所国际货币市场分部、芝加哥期货交易所及纽约期货交易所同时推出了美国国内可转让定期存单期货交易，但由于实际交割的定期存单往往由信用等级最低的银行发行，给投资者带来了诸多不便。欧洲美元定期存款期货的产生则有效地解决了这一问题。由于欧洲美元定期存款不可转让，因此，该品种的期货交易实行现金结算的方式。所谓现金结算，是指期货合约到期时不进行实物交割，而是根据最后交易日的结算价格计算交易双方的盈亏，并直接划转双方的保证金以结清头寸的一种结算方式。现金结算方式的成功，在整个金融期货的发展史上具有划时代的意义。它不仅直接促进了欧洲美元定期存款期货的发展，并且为股票指数期货的推出铺平了道路。

虽然利率期货的产生较之外汇期货晚了 3 年多，但其发展速度却比外汇期货快得多，其应用范围也远较外汇期货广泛。目前，在期货交易比较发达的国家和地区，利率期货都早已超过农产品期货而成为成交量最大的一个类别。在美国，利率期货的成交量甚至已占到整个期货交易总量的一半以上。

3）利率期货的品种

一般来说，可按期货合约标的物期限的长短将利率期货分为短期利率期货和长期利率期货。短期利率期货是指期货合约标的的期限在一年以内的各种利率期货，以货币市场的各类债务凭证为标的的利率期货均属短期利率期货，包括各种期限的商业票据期货、短期国债期货以及欧洲美元定期存款期货等。长期利率期货则是指期货合约标的的期限在一年以上的各种利率期货，以资本市场的各类债务凭证为标的的利率期货均属长期利率期货，包括各种期限的中长期国债期货和市政公债指数期货等。

目前美国最重要、交易最活跃的利率期货都集中在芝加哥期货交易所和芝加哥商业交易所国际货币市场分部，这两个交易所分别以长期利率期货和短期利率期货为主。在长期利率期货中，最有代表性的是 30 年期的美国长期国债期货和 10 年期的美国中期国债期货，短期利率期货的代表品种则是 3 个月期的美国短期国债期货和 3 个月期的欧洲美元定期存款期货，见表 6–1。

表 6–1　　　　　　　　　主要利率期货交易所及其利率期货品种

交易所	利率期货品种
芝加哥商业交易所	3 个月期短期国债、3 个月期欧洲美元
伦敦国际金融期货交易所	30 年国债、10 年国债、5 年国债、2 年国债

6.1.2　外汇期货

1）外汇期货的概念

外汇期货是指以外汇（货币）为标的物的期货合约，它可以规避汇率波动所引起的汇率风险。

汇率风险表现在两个方面：贸易性汇率风险和金融性汇率风险。在国际贸易活动中，商品和劳务的价格一般是用外汇或国际货币来计价的。目前大约70%的国家用美元来计价。但在实行浮动汇率制的今天，由于汇率的频繁波动，生产者和经营者在进行国际贸易活动时，就难以估算费用和盈利。由此产生的风险称之为贸易性风险。在国际金融市场上，借贷的都是外汇，如果借贷的外汇汇率上升，借款人就会遭受巨大损失，汇率的剧烈变化甚至可以吞噬大企业，外汇汇率的波动还直接影响一国外汇储备价值的增减，从而给各国央行在管理上带来巨大风险和困难。此种汇率风险称为金融性汇率风险。

2）外汇期货的产生与发展

外汇期货是金融期货中出现最早的品种，1972年5月芝加哥商业交易所的国际货币市场推出了包括英镑、加元、西德马克在内的七张外汇期货合约，标志着金融期货这一新的期货类别的产生。

外汇期货产生的原因在于固定汇率制的瓦解和浮动汇率制的出现，它是世界经济格局发生变化的产物。1944年7月，44个国家在美国新罕布什尔州的布雷顿森林召开会议，确立了布雷顿森林体系，实行双挂钩的固定汇率制，即美元与黄金直接挂钩，其他国家货币与美元按固定比价挂钩。布雷顿森林体系的建立，对战后西欧各国的经济恢复与增长以及国际贸易的发展都起到了重要的作用。同时，在固定汇率制下，各国货币之间的汇率波动被限制在极为有限的范围内，外汇风险几乎被人们所忽视，人们对外汇风险管理的需求自然也不大。

进入20世纪50年代，特别是60年代以后，随着西欧各国经济的复兴，其持有的美元日益增多，各自的本币也趋于坚挺，而美国却因先后对朝鲜和越南发动战争，连年出现巨额贸易逆差，国际收支状况不断恶化，通货膨胀居高不下，从而屡屡出现黄金大量外流、抛售美元的美元危机。

在美国的黄金储备大量流失，美元地位岌岌可危的情况下，美国于1971年8月15日宣布实行"新经济政策"，停止履行以美元兑换黄金的义务。为了挽救濒于崩溃的固定汇率制，同年12月底，十国集团在华盛顿签订了《史密森学会协定》，宣布美元对黄金贬值7.89%，各国货币对美元汇率的波动幅度扩大。1973年2月，美国宣布美元再次贬值10%。美元的再次贬值并未能阻止美元危机的继续发展，最终，1973年3月，在西欧和日本的外汇市场被迫关闭达17天之后，主要西方国家达成协议，开始实行浮动汇率制。

在浮动汇率制下，各国货币之间的汇率直接体现了各国经济发展的不平衡状况，反映在国际金融市场上，则表现为各种货币之间汇率的频繁、剧烈波动，外汇风险较之固定汇率制下急速增大。各类金融产品的持有者面临着日益严重的外汇风险的威胁，规避风险的要求日趋强烈，市场迫切需要一种便利有效的防范外汇风险的工具。在这一背景下，外汇期货应运而生。

1972年5月，美国的芝加哥商业交易所设立国际货币市场分部，推出了外汇期货交易。当时推出的外汇期货合约均以美元报价，其货币标的共有7种，分别是英镑、加拿大元、西德马克、日元、瑞士法郎、墨西哥比索和意大利里拉。后来，交易所根据市场的需求对合约做了调整，先后停止了意大利里拉和墨西哥比索的交易，增加了荷兰盾、法国法郎和澳大利亚元的期货合约。继国际货币市场成功推出外汇期货交易之后，美国和其他国家的交易所竞相效仿，纷纷推出各自的外汇期货合约，大大丰富了外汇期货的交易品种，并引发了其他金融期货品种的创新。

3）主要外汇期货品种

目前，外汇期货的主要市场在美国和英国，美国和英国的外汇市场又基本集中在芝加哥商业交易所和伦敦国际金融期货交易所，见表6-2。

表 6-2　　　　　　　　　　　主要外汇期货交易所及其外汇期货品种

交易所	外汇期货品种
芝加哥商业交易所	欧元、日元、澳元、英镑、加拿大元、瑞士法郎、瑞典克朗、挪威克朗、新西兰元、南非兰特、匈牙利福林、人民币等
伦敦国际金融期货交易所	欧元、英镑、瑞士法郎等

6.1.3　股指期货

1）股指期货的概念

所谓股指期货，就是以某种股票指数为标的物的标准化的期货合约。

2）股指期货的产生与发展

20 世纪 70 年代，金融全球化和自由化增加了风险的来源和传播渠道，放大了风险的影响和后果，全球商品和资产的价格波幅加剧，金融危机频频发生。与此同时，西方各国受石油危机影响，经济发展不稳，利率、汇率波动频繁，通货膨胀加剧，股市一片萧条。美国道·琼斯指数跌至 1 700 点，跌幅甚至超过了 20 世纪 30 年代金融风暴时期的一倍。股票市场价格大幅波动，投资者对股票风险管理工具的需求非常强烈。

1982 年 2 月 24 日，堪萨斯城期货交易所（KCBT）正式推出价值线股指期货合约。2 个月后，芝加哥商业交易所（CME）推出了标准普尔 500（S&P 500）股指期货合约，同年 5 月纽约期货交易所（NYBOT）上市了纽约证券交易所综合指数期货。

股指期货交易在开展初期，由于投资者对这一投资工具的特性缺乏了解，并不是很成功。随着市场的发展，股指期货逐渐为投资者所了解和加以应用，其功能在这一时期内逐步被认同，交易也日渐活跃，并在许多国家和地区得到了发展，从而形成了世界性的股指期货交易热潮。

1987 年 10 月 19 日，美国华尔街股市一天暴跌近 25%，从而引发全球股市重挫的金融风暴，即著名的"黑色星期五"。一些人认为，这次股灾的罪魁祸首是股指期货，股指期货助长了股市的暴涨暴跌。尽管事后证明，没有证据表明是期货市场的过错，但是股指期货市场还是受到了重创，交易量不断下降。这次股灾也使市场管理者充分认识到股指期货的"双刃"作用，进一步加强了对股指期货交易的风险监管和制度规范，出台了许多防范股市大跌的应对措施。例如，期货交易所制定出股票指数期货合约的涨跌停板限制，借以稳定市场发生剧烈波动时投资者的恐慌心理。这些措施在后来股指的小幅振荡中起到了重要作用，保证了股指期货市场的持续平稳运行，为 20 世纪 90 年代股指期货的繁荣奠定了坚实的基础。

进入 20 世纪 90 年代后，有关股指期货的争议逐渐消失，规章制度得以完善，投资行为更为理智。特别是随着全球证券市场的迅猛发展，国际投资日益广泛，投资者对股票市场风险管理工具的需求猛增，使得近十几年来无论是市场经济发达国家，还是新兴市场国家，股指期货交易都呈现出良好的发展势头，并逐步形成了包括股票期货、期权和股指期货、期权在内的完整的股票衍生品市场体系。

3）主要股指期货品种

据美国期货业协会（FIA）统计，截至 2005 年年底，在 29 个国家和地区有 32 家交易所至少有一个股指期货品种在挂牌交易。

目前，股指期货的主要市场在美国、英国、日本、中国香港等国家和地区，具体见表 6-3。

表 6-3　　　　　　　　　**主要股指期货交易所及其股指期货品种**

交 易 所	股指期货品种
芝加哥商业交易所	标准普尔 500 指数
芝加哥期货交易所	道·琼斯工业股票指数
伦敦国际金融期货交易所	金融时报指数
大阪证券交易所、新加坡交易所	日经 225 指数
香港联合交易所	香港恒生指数

6.2　沪深 300 股指期货

6.2.1　沪深 300 股指期货合约

沪深 300 股指期货由中国金融期货交易所推出，合约内容见表 6-4。

表 6-4　　　　　　　　　**中国金融期货交易所沪深 300 股指期货合约**

合约标的	沪深 300 指数
合约乘数	每点 300 元
报价单位	指数点
最小变动价位	0.2 点
合约月份	当月、下月及随后两个季月
交易时间	9：15—11：30，13：00—15：15
最后交易日交易时间	9：15—11：30，13：00—15：00
每日价格最大波动限制	上一个交易日结算价的 ±10%
最低交易保证金	合约价值的 8%
最后交易日	合约到期月份的第三个周五（遇法定节假日顺延）
交割日期	同最后交易日
交割方式	现金交割
交易代码	IF
上市交易所	中国金融期货交易所

资料来源：根据中国金融期货交易所网站相关资料整理。

6.2.2　沪深 300 股指期货合约主要条款

1）合约标的

沪深 300 股指期货合约的标的为沪深 300 指数。沪深 300 指数由中证指数有限公司编制和发布，选取上海和深圳证券市场中的 300 只 A 股作为样本股，是成分指数。沪深 300 指数样本覆盖了沪深市场六成左右的市值，具有良好的市场代表性，有利于投资者全面把握市场运行状况。

2）合约乘数

沪深 300 股指期货合约的合约乘数为每点人民币 300 元。股指期货合约价值为股指期货指数点乘以合约乘数。乘数是合约设计时交易所规定的，赋予每一指数点一个固定价值的金额，如股指期货报价 4 000 点，则合约价值为 1 200 000 元（4 000×300）。

3）报价单位

由于股指期货的标的为指数，所以沪深 300 股指期货合约以指数点报价。

4）最小变动价位

沪深 300 股指期货合约的最小变动价位是 0.2 点指数点，意味着合约交易报价指数点须为 0.2 点的整数倍，如只有报 4 000.2 或 4 000.4 进行交易才有效，而像 4 000.3 这样的报价是无效的，合约价值的最小变动值为 60 元（300×0.2）。

5）合约月份

沪深 300 股指期货合约的合约月份为当月、下月及随后两个季月，共 4 期，同时挂牌交易。季月是指 3、6、9、12 月，如当月为 2011 年 4 月，则下月为 5 月，随后的季月为 6 月和 9 月，表示方式为 IF1104、IF1105、IF1106、IF1109。又如，当月为 2011 年 9 月，则下月为 10 月，随后的季月为 12 月与 2012 年的 3 月，表示方式为 IF1109、IF1110、IF1112、IF1203。就 IF1104 来说，其中 IF 为交易代码，11 表示 2011 年，04 表示交割日期在 4 月份。

6）交易时间

股指期货的交易时间为交易日的 9：15—11：30（第一节）和 13：00—15：15（第二节），最后交易日的交易时间为 9：15—11：30（第一节）和 13：00—15：00（第二节）。

沪深 300 股指期货的交易时间比上海、深圳证券市场提前 15 分钟，同时延后 15 分钟（最后交易日除外）。提前开市使得期货市场可以对上一交易日收盘后到第二天股市开盘前的市场信息作出反应，有效地扮演价格发现者的角色；延迟收市是为了方便期货交易者根据股票和指数的收市价计算期货的头寸，更好地实行套期保值、套利或其他交易头寸调整。

7）每日价格最大波动限制

沪深 300 股指期货合约的每日价格最大波动限制指其每日价格涨跌停板幅度。由于我国股票的涨跌停板幅度为 ±10%，因此沪深 300 股指期货合约的涨跌停板幅度为上一交易日结算价的 ±10%。

涨跌停板幅度由交易所设定，交易所可以根据市场风险状况调整涨跌停板幅度。季月合约的挂牌时间较长，因此季月合约的波动性可能较近月合约大，中金所规定季月合约上市首日涨跌停板幅度为挂盘基准价的 ±20%，且上市首日有成交的，于下一交易日恢复到合约规定的涨跌停板幅度；若上市首日无成交的，下一交易日继续执行前一交易日的涨跌停板幅度。此外，为了保证股指期货能充分收敛于股指现货，股指期货合约最后交易日涨跌停板幅度为上一交易日结算价的±20%。

8）最低交易保证金

沪深 300 股指期货合约规定最低交易保证金为合约价值的 12%。例如，某投资者开仓买入一手期货合约，当日结算价为 4 000 点，则投资者应缴纳的保证金为 144 000 元（4 000×300×12%）。

9）最后交易日

沪深 300 股指期货合约的最后交易日为合约到期月份的第三个周五，最后交易日即为交割日。最后交易日为法定假日或者因不可抗力未交易的，以下一个交易日为最后交易日和交割日。到期合约交割日的下一个交易日，新的月份合约开始交易。

10）交易代码

IF 为英文 index futures 的缩写，即指数期货的缩写。

知识链接 6—2

标准普尔 500 股票指数期货

标准普尔 500 指数的英文缩写为 S&P 500 Index，是记录美国 500 家上市公司的一个股票指数。这个股票指数由标准普尔公司创建并维护。

标准普尔 500 指数覆盖的所有公司，都是在美国主要交易所，如纽约证券交易所、Nasdaq 交易的上市公司。与道·琼斯指数相比，标准普尔 500 指数包含的公司更多，因此风险更为分散，能够反映更广泛的市场变化。

标准普尔 500 指数是由标准普尔公司 1957 年开始编制的。最初的成份股由 425 种工业股票、15 种铁路股票和 60 种公用事业股票组成。从 1976 年 7 月 1 日开始，其成分股改由 400 种工业股票、20 种运输业股票、40 种公用事业股票和 40 种金融业股票组成。它以1941 年至 1942 年为基期，基期指数定为 10，采用加权平均法进行计算，以股票上市量为权数，按基期进行加权计算。与道·琼斯工业平均股票指数相比，标准普尔 500 指数具有采样面广、代表性强、精确度高、连续性好等特点，被普遍认为是一种理想的股票指数期货合约的标的。

标准普尔 500 指数的标准合约见表 6-5。

表 6-5　　　　　　　　　　　标准普尔 500 指数的标准合约

交易单位	500 美元×S&P 500 股票价格指数
最小变动价位	0.05 个指数点（每张合约 25 美元）
每日价格最大波动限制	与证券市场挂牌的相关股票的交易中止相协调
合约月份	3、6、9、12 月
交易时间	8：30—15：15（芝加哥时间）
最后交易日	最终结算价格确定日的前一个工作日
交割方式	按最终结算价格以现金结算，此最终结算价由合约月份的第三个星期五的 S&P 500 股票价格指数的构成股票市场开盘价所决定
交易场所	芝加哥商业交易所

案例分析 6-1

里森搞垮巴林银行

一、事件发生

1995 年 2 月,具有 230 多年历史、在世界 1 000 家大银行中按核心资本排名第 489 位的英国巴林银行宣布倒闭,这一消息在国际金融界引起了强烈震动。

巴林银行的倒闭是由于该行在新加坡的期货公司交易形成巨额亏损引发的。1992 年新加坡巴林期货公司开始进行金融期货交易不久,前台首席交易员(而且是后台结算主管)里森即开立了"88888"账户。开户表格上注明此账户是"新加坡巴林期货公司的误差账户",只能用于冲销错账,但这个账户却被用来进行交易,甚至成了里森赔钱的"隐藏所"。里森通过指使后台结算操作人员在每天交易结束后和第二天交易开始前,在"88888"账户与巴林银行的其他交易账户之间做假账进行调整。通过假账调整,里森反映在总行其他交易账户上的交易始终是盈利的,而把亏损掩盖在"88888"账户上。

二、在股指期货等衍生品交易的亏损分析

巴林银行倒闭是由于其子公司——巴林期货新加坡公司持有大量未经保值的期货和选择权头寸而导致巨额亏损。经调查发现,巴林期货新加坡公司 1995 年交易的期货合约是日经 225 指数期货,即日本政府债券期货和欧洲日元期货,实际上所有的亏损都是由这两种合约引起的。

(一)来自日经 225 指数期货的亏损

自 1994 年下半年起,里森认为日经指数将上涨,逐渐买入日经 225 指数期货,不料 1995 年 1 月 17 日关西大地震后,日本股市反复下跌,里森的投资损失惨重。里森当时认为股票市场对神户地震反应过激,股价将会回升,为弥补亏损,里森一再加大投资,再次大规模建多仓,以期翻本。其策略是继续买入日经 225 期货,其日经 225 期货头寸从 1995 年 1 月 1 日的 1 080 张 9503 合约多头增加到 2 月 26 日的 61 039 张多头(其中 9503 合约多头 55 399 张,9506 合约 5 640 张)。据估计,其 9503 合约多头平均买入价为 18 130 点,经过 2 月 23 日,日经指数急剧下挫,9503 合约收盘价跌至 17 473 点以下,导致无法弥补损失,累计亏损达到了 480 亿日元。

(二)来自日本政府债券的空头期货合约的亏损

里森认为日本股票市场股价将会回升,而日本政府债券价格将会下跌,因此在 1995 年 1 月 16 日—24 日大规模建日经 225 指数期货多仓的同时,又卖出大量日本政府债券期货。里森在"88888"账户中未套期保值合约数从 1 月 16 日 2 050 手多头合约转为 1 月 24 日的 26 079 手空头合约,但 1 月 17 日关西大地震后,在日经 225 指数出现大跌的同时,日本政府债券价格普遍上升,使里森日本政府债券的空头期货合约也出现了较大亏损,在 1 月 1 日到 2 月 27 日期间就亏损 1.9 亿英镑。

(三)来自股指期权的亏损

里森在进行以上期货交易时,还同时进行日经 225 期货期权交易,大量卖出鞍马式选择权。鞍马式期权获利的机会是建立在日经 225 指数小幅波动上的,因此日经 225 指数出现大跌,里森作为鞍马式选择权的卖方出现了严重亏损,到 2 月 27 日,期权头寸的累计账面亏损已经达到 184 亿日元。

截至 1995 年 3 月 2 日，巴林银行亏损额达 9.16 亿英镑，约合 14 亿美元。3 月 5 日，国际荷兰集团与巴林银行达成协议，接管其全部资产与负债，更名为"巴林银行有限公司"；3 月 9 日，此方案获英格兰银行及法院批准。至此，巴林银行 230 年的历史终于画上了句号。

资料来源：根据《期货历史故事经典案例》相关资料整理。

问题：根据材料分析由于里森犯了哪些错误，从而最终搞垮了巴林银行？

分析提示：市场判断失误并隐瞒亏损，使得损失越来越大。

知识掌握

6.1　什么是金融期货？

6.2　什么是利率期货？世界主要利率期货品种有哪些？

6.3　什么是外汇期货？世界主要外汇期货品种有哪些？

6.4　什么是股指期货？世界主要股指期货品种有哪些？

6.5　沪深 300 股指期货的主要条款有哪些？

知识应用

□ 案例分析

期指上市一周年　套期保值功能初显

"期指已迈入机构时代。"这是此前媒体经常宣传的一个观点。但经过一年的运行，我们看到，尽管基金和券商已经入场，并已取得了一定的套期保值效果，但期指的投资者结构仍有待继续优化。

截至 2011 年 3 月 31 日，期指开户数为 6.7 万户，每日新开户数稳定在 200 户左右，参与者多为商品期货老客户和股票市场经验比较丰富的交易者，没有出现投资者盲目入市的情况。券商、基金的开户数有 80 户左右。

期指持仓量总体呈稳步增长之势。上市首日，市场累计持仓 3 590 手，其后随着机构投资者的入市和客户参与数的增加，市场持仓量呈现逐步上升趋势。至 2011 年 4 月 14 日，持仓量为 36 344 手。

随着机构的逐步入市，套保持仓的比例明显提高，成交持仓比也相应下降，由上市初期的近 20 倍逐步下降至目前的 7 倍左右，较为合理。

机构入市后市场持仓量逐步增长，且套保持仓占比稳步提高。以中信证券、国泰君安、海通证券、广发证券、中金公司等多家证券公司为代表的客户套期保值交易平稳、有序，且实现了较好的避险保值效果。

公开数据显示，在期指上市三四个月后，以券商自营为代表的机构投资者利用期指避险已取得了初步成效，中信证券和国泰君安自营部门通过套期保值，在市场下跌中减亏分别达 2.2 亿元和 1 亿元以上，机构投资者避险需求得到一定的满足，表明期指已初步发挥了规避风险的功能。

胡俞越认为，机构投资者已经发生了变化，不过企业年金、社保基金、证券投资基金、QFII 都还没有进入期指市场。由券商控股的期货公司成为成长最快的期货公司。

目前 QFII 参与期指的指引正在征求意见，而信托和保险仍没有相关指引，只有券商参与期指的程度较大,套保的效果也较好。有媒体披露,根据中金所公布的数据,2010年29家券商运用股指期货有效对冲股票现货市场风险,减少现货资产损失近17亿元。

他表示,期指总体上是为机构投资者量身定做的,应该是机构唱主角,散户跑龙套,但现在却是散户唱主角,而机构投资者未完全入市,大户报告制度、强行减仓制度都还用不上。

业内人士表示,由于国内首个股指期货品种按照"高标准、稳起步"原则,对市场投资者实行逐步放开,上市初期基本只允许一般法人参与,特殊法人则受到限制。而到了去年7月,管理层放开了基金专户的业务限制,至此,基金专户参与股指期货的热情才明显提高,但苦于人才、技术和流程等众多方面的阻碍,其参与期指的进程仍显缓慢。

公募基金参与股指期货尚受制于资金托管"瓶颈",需要国有及股份制商业银行多方协商寻求解决方案,也有待监管机构多出鼓励政策。

不过,2011年管理层引入机构投资者的力度明显增强,中金所已经两次调试了股指期货套期保值系统,如果该系统上线,将会为机构投资者带来方便。

当前保险、信托、QFII等机构入市的相关指引尚未正式出台;同时,机构在套保人才培养、交易系统建设等方面均需要一定的时间,因此市场套保功能的发挥客观上仍需要一个相当长的过程。

资料来源:佚名. 期指上市一周年 套期保值功能初显 [N]. 证券日报,2011-04-15.

问题:根据上述资料分析股指期货的主要功能。

分析提示:规避股票市场风险。

□ 实践训练

熟悉中国金融期货交易所沪深300股指期货合约的交易。

要求:

①登录一家期货经纪公司的网站,下载一款沪深300股指期货行情软件。

②观察正在交易的股指期货合约有哪些。

③熟悉每份合约的即时交易行情。

④分组讨论影响沪深300股指期货价格的主要因素是什么。

第 7 章　投机和套利

学习目标

在学习完本章之后，你应该能够：掌握投机的概念及投机的基本方法；了解基差、价差及其走势图的含义；掌握套利的概念及套利的基本方法。

引例

节后期市首日交易攻略

随着春节长假的结束，国内期货市场将迎来龙年第一个交易日。节后首日如何操作，成为众多投资者关心的问题。对此，《期货日报》记者采访了多位不同类型的投资者，请他们谈了谈各自在节后首个交易日的交易策略。

投机者——捕捉补涨机会

经过了 7 天的休整，作为职业炒客的汤先生早已按捺不住自己的心情，期待着开盘后第一天的交易。

据记者观察，今年春节期间，在外盘期货品种当中，农产品（000061）和原油价格波澜不惊，但有色金属品种价格则大幅拉升，伦铜一度超过 8 600 点，伦锌和铅的涨幅超过 7% 和 6%。

"如果开盘后有色金属大幅高开，就观望一下；如果低开或者平开，则可以适当做多。"汤先生表示，他将特别关注流动性和涨幅都比较好的锌期货的表现，期待能抓到其补涨的机会。

"如果不是上周五受到美国经济数据稍差于预期影响，有色金属价格出现了回调，我做多的信心会更加坚定。"汤先生说。

套利者——"守株待兔"

因为有了像汤先生这样的主动投资者，才更让一些以日内套利为主的投资者在节后的首个交易日显得更加机会多多，王先生就属于这类投资者。

"经过了七八天的休息，外盘行情出现的变化往往会在半个小时内就被国内市场消化。其间，有人兴奋，有人恐慌，诸多情绪在不同时间、不同品种中都会有所体现，也很可能带来相关品种之间价格的不合理偏离，而这时候，就是我入场的好时机。"

王先生向记者举例道，以有色金属为例，受长假期间外盘走势的影响，国内铜、铝、锌之间的价差，以及同一品种不同月份之间的价差都可能出现剧烈而快速的变化，当价差超出一定范围时，进行套利操作会有较高的胜率。

王先生对记者说："每逢长假过后，都会有许多类似的机会值得捕捉。"

资料来源：佚名. 节后期市首日交易攻略［N］. 期货日报，2012-01-30.

这一案例表明：普通期货投资者所进行的交易绝大多数都是投机性交易，套利交易是投机性交易的一种特殊形式。套利交易的风险较单纯的投机性交易低，操作方式比单纯的投机性交易丰富，套利交易的原理就是利用价格联动性很强的两种不同期货合约，包括期货和现货的不合理价差来获取收益。

7.1 投机和套利概述

7.1.1 期货投机交易

期货投机交易是指在期货市场上以获取价差收益为目的的期货交易行为。投机者根据自己对期货价格走势的判断，作出买进或卖出的决定，如果这种判断与市场价格走势相同，则投机者平仓出局后可获取投机利润；如果判断与价格走势相反，则投机者平仓出局后承担投机损失。由于投机的目的是赚取差价收益，所以，投机者一般只是平仓了结期货交易，而不进行实物交割。

进行期货投机交易的关键在于对期货市场价格变动趋势的分析预测是否准确，由于影响期货市场价格变动的因素很多，特别是投机心理等偶然性因素难以预测，因此，正确判断难度较大，所以期货投机交易的风险较大。

7.1.2 投机在期货市场中的作用

投机是一个很敏感的词，由于中国特殊的历史环境，它一直被认为是贬义词；而在西方，投机在英语中是"speculation"，原意是指"预测"，是一个中性词。在中国，投机一直含有玩弄手段之意，有违中国人的做人原则，同时中国人一直崇尚"人勤百业兴"，投机有不务正业之嫌。在期货市场上，很多成功的事例说明，不管你怎么想、怎么看，投机都是市场经济发展的一种自然选择。

做投机生意的人在中国人眼中一直是很不光彩的角色，被人们认为总是用不正当的手段坑害别人，自己从中捞取好处。这真是偏见。其实，投机者在进行投机的过程中，不仅需要许多有关商品的知识，更重要的，投机是对一个人的个性、信心、胆量、判断力等综合素质的考验。要想成功，就必须随时准备接受失败的厄运，因此，每个投机者都必须全力以赴，无可选择地努力争取。在期货交易中，信息是制胜的重要因素，但掌握信息也并非一件易事，长期的搜集，广泛的调查，独具慧眼的分析，无不需要丰富的经验、知识及勤奋、耐心，怎么能说投机者是不劳而获呢？因此，有必要给期货投机来一个正名。

投机交易在期货市场上有增加市场流动性和承担套期保值者转嫁的风险的作用，有利于期货交易的顺利进行和期货市场的正常运转。它是期货市场套期保值功能和发现价格功能得以发挥的重要条件之一，主要表现在：

1）投机者是期货风险的承担者，是套期保值者的交易对手

期货市场的套期保值交易能够为生产经营者规避风险，但它只是转移了风险，并不能把风险消灭。转移出去的风险需要有相应的承担者，期货投机者在期货市场上正起着承担风险的作用。期货交易运作的实践证明，一个市场中只有套期保值交易根本无法达到转移

风险的目的。如果只有套期保值者参与期货交易，那么，必须在买入套期保值者和卖出套期保值者交易数量完全相等时，交易才能成立。实际上，多头保值者和空头保值者的不平衡是经常的，因此，仅有套期保值者的市场，套期保值是很难实现的。投机者的参加正好能弥补这种不平衡，促使期货交易的实现。在利益动机的驱使下，投机者根据自己对价格的判断，不断在期货市场上买卖期货合约，以期在价格波动中获利。在这一过程中，投机者必须承担很大的风险，一旦市场价格与投机者预测的方向相反，就会造成亏损。如果期货市场上没有投机者或没有足够的投机者参与期货交易，套期保值者就没有交易对手，风险也就无从转嫁，期货市场套期保值回避风险的功能就难以发挥。

2）投机交易促进市场流动性，保障了期货市场发现价格功能的实现

发现价格功能是在市场流动性较强的条件下实现的。一般说来，期货市场流动性的强弱取决于投机成分的多少。如果只有套期保值者，即使集中了大量的供求信息，也难以找到交易对手，少量的成交就可对价格产生巨大的影响。在交易不活跃市场形成的价格，很可能是扭曲的。投机者的介入为套期保值者提供了更多的交易机会，众多的投机者通过对价格的预测（有人看涨，有人看跌），积极进行买空卖空活动。这就增加了参与交易的人数，扩大了市场规模和深度，使得套期保值者较容易找到交易对手，自由地进出市场，从而使市场具有充分的流动性。

要使风险高效转移，就必须有一大群人乐意买卖合约。当套期保值者想通过销售期货合约来巩固他的商业地位时，他不能支付长期四处寻找买主的费用，需要很快完成交易。期货交易所汇集了大量投机者而让快速交易成为可能。期货投机者为了使自己的投机活动获利，就必须不断地运用各种手段，通过各种渠道，收集、传递、整理所有可能影响商品价格变动的信息资料，并将自己对未来价格的预期通过交易行为反映在期货价格之中。同时，投机者在市场中的快进快出，使得投机者能够及时修正自己对价格的判断，进一步影响期货价格的形成。因此，在流动性较好的市场中，由于适度的投机交易的存在，期货价格的连续性得到保证，能相对准确、真实地反映出商品的远期价格。

3）适度的期货投机能够缓减价格波动

投机者进行期货交易，总是力图通过对未来价格的正确判断和预测来赚取差价利润。当期货市场供过于求时，市场价格低于均衡价格，投机者低价买进合约，从而增加了需求，使期货价格上涨，供求重新趋于平衡；当期货市场供不应求时，市场价格则高于均衡价格，投机者会高价卖出合约，增加了供给，使期货价格下跌，供求重新趋于平衡。可见，期货投机对于缩小价格波动幅度发挥了很大的作用。

7.1.3 套利交易

1）套利交易的概念

套利交易指的是在买入（卖出）某种期货合约的同时，卖出（买入）相关的数量相同的另一种合约，并在某个时间同时将两种合约平仓的交易方式。套利交易丰富和发展了期货投机交易的内容，并使期货投机不仅仅局限于期货合约绝对价格水平的变化，而是更多地转向期货合约相对价格水平的变化。在进行套利交易时，交易者注意的是合约之间的相互价格关系，而不是绝对价格水平，他们买进自认为是"便宜的"合约，同时卖出那些自认为是"高价的"合约。如果价格的变动方向与当初的预测相一致，交易者即可从两个合约价格间的关系变动中获利。

2）套利交易的原理

套利交易是在价格联动性很强的两种不同期货合约（包括现货）上建立数量相同、方向相反的头寸，然后平仓的交易行为。套利交易原理如下：

（1）两种期货合约的价格大体受相同的因素影响，因而在正常情况下价格变动虽存在波幅差异，但应有相同的变化趋势；

（2）两种期货合约间应存在合理的价差范围，但意外因素会使价差超过合理范围，随着时间的推移，价差会回归到合理的范围；

（3）两种期货合约间的价差变动有规律可循，且其运动方式具有可预测性。期货的价格由于其较大的波动率往往不容易预测。在牛市中，期货价格会涨得出乎意料地高；而在熊市中，期货价格会跌得出乎意料地低。套利交易不是直接预测未来期货合约的价格变化，而是预测未来供求关系变化引起的价差的变化。作后一种预测的难度显然比作前一种预测的难度低。决定未来商品价格的供求关系是十分复杂的，虽然有规律可循，但仍然包含许多不确定性。而预测价差的变化，则不必考虑所有影响供求关系的因素。由于两种期货合约的关联性，许多不确定的供求关系只会造成两种合约价格的同涨同跌，对价差的影响不大，对这一类供求关系就可以忽略了。

3）套利交易的特点

套利交易是期货投机交易的一种特殊方式，其特殊性体现在以下几个方面：

一是普通投机交易只是利用单一期货合约价格的上下波动赚取利润，而套利交易是从不同的两个期货合约彼此之间的相对价格差异套取利润。

二是普通投机交易在一段时间内只作买或卖，而套利交易则是在同一时间买入并卖出期货合约。

三是相较于普通投机交易，套利交易风险较小。一般来说，进行套利交易时，由于所买卖的合约是同类商品，所以不同交割月份的两张期货合约价格在运动方向上是一致的，买入期货合约的损失会因卖出期货合约的盈利而抵消；或者卖出期货合约的损失会因买入期货合约的盈利而弥补。因此，套利交易可以为避免价格剧烈波动而引起的损失提供某种保护，其承担的风险较单方向的普通投机交易小。

7.2　投机交易操作

根据投资者对未来期货价格走势的判断，可将期货投机交易操作分为买低卖高和卖高买低两种基本类型。其中，买低卖高一般也称为看涨，卖高买低也称为看跌。

7.2.1　买低卖高

所谓买低卖高，指的是投资者判断未来期货价格呈上升趋势（看涨），因此先买进期货合约，待一段时间期货价格上升时再平仓卖出，获取价差收益。

【例7-1】某投资者用10万元投资期货市场。2月份，该投资者预计铜价格将上涨，于是在2月15日开仓买入沪铜0603合约2手，买入价为60 000元/吨。到3月10日，沪铜0607合约价格上升至62 000元/吨，该投资者平掉原有头寸。试计算该投资者的盈亏情况（不含手续费）。

具体操作过程及盈亏情况见表7-1。

表7-1　　　　　　　　　沪铜期货看涨投机交易操作过程

操作类型	操作过程	操作结果
开仓买入	价格：60 000 元/吨 数量：2 手	保证金比例：5% 保证金 = 60 000×5×2×5% = 30 000（元）
平仓卖出	价格：62 000 元/吨 数量：2 手	价格上升：62 000−60 000 = 2 000（元/吨） 盈利额 = 2 000×5×2 = 20 000（元）

【例7-2】某投资者用40万元投资股指期货市场。1月份，该投资者预计在多重利好的刺激下，股票市场还会有半年的上升期，于是在 1 月 10 日开仓买入 IF0708 合约 2 手，买入价为 4 000 点。到 5 月 8 日，IF0708 合约价格上升至 6 000 点，该投资者认为股市泡沫较大，存在反转的可能，于是以 6 000 点平掉原有的 IF0708 合约头寸。试计算该投资者的盈亏情况（不含手续费）。

具体操作过程及盈亏情况见表7-2。

表7-2　　　　　　　　沪深 300 股指期货看涨投机交易操作过程

操作类型	操作过程	操作结果
开仓买入	价格：4 000 点 数量：2 手	保证金比例：12% 保证金 = 4 000×300×2×12% = 288 000（元）
平仓卖出	价格：6 000 点 数量：2 手	价格上升：6 000−4 000 = 2 000（点） 盈利额 = 2 000×300×2 = 1 200 000（元）

7.2.2　卖高买低

所谓卖高买低，指的是投资者判断未来期货价格呈下降趋势（看跌），因此先卖出期货合约，待一段时间期货价格下跌时再平仓买进，获取价差收益。

【例7-3】某投资者用40万元投资股指期货市场。5月8日，该投资者认为股市泡沫较大，存在反转的可能，于是在 5 月 8 日开仓卖出 IF0708 合约 2 手，卖出价为 6 000 点。到 6 月 5 日，IF0708 合约价格下跌至 5 000 点，该投资者以 5 000 点平掉原有的 IF0708 合约头寸。试计算该投资者的盈亏情况（不含手续费）。

具体操作过程及盈亏情况见表7-3。

表7-3　　　　　　　　沪深 300 股指期货看跌投机交易操作过程

操作类型	操作过程	操作结果
开仓卖出	价格：6 000 点 数量：2 手	保证金比例：12% 保证金 = 6 000×300×2×12% = 432 000（元）
平仓买入	价格：5 000 点 数量：2 手	价格下跌：6 000−5 000 = 1 000（点） 盈利额 = 1 000×300×2 = 600 000（元）

7.3　套利交易操作

从操作方式上可将套利交易分为期现套利、跨市套利、跨商品套利和跨期套利四种类型。

7.3.1 价差与基差

我们知道，普通投机交易只是利用单一期货合约价格的上下波动赚取利润，而套利交易是从相关的两个期货合约，或者期货合约与现货之间的相对价格差异来获取利润，这种价格差异我们称之为价差。

习惯上，我们把现货价格与相应的期货合约价格之差称为基差，即：

基差 = 现货价格 − 期货价格

基差可以是正数也可以是负数，这主要取决于现货价格是高于还是低于期货价格。现货价格高于期货价格，则基差为正数，称为远期贴水或现货升水；现货价格低于期货价格，则基差为负数，称为远期升水或现货贴水。

理论上，期货价格 = 现货价格 + 现货储存成本，所以正常情况下，期货价格应该高于现货价格，基差为负值，近期月份期货合约价格低于远期月份期货合约价格。当市场出现上述情况时，我们一般称之为正向市场。这也很容易理解，例如某铜加工商 3 个月后需要铜，它既可以现在从现货市场买入铜，也可以买入 3 个月后交割的铜期货。显然现在买入铜，加工商一方面要付出铜的储存成本，另一方面购买同样数量的铜，现货付出的资金要多于期货，因为期货是保证金交易，加工商还要付出资金成本，理论上这些成本使得正常情况下现货价格低于期货价格，近期合约价格低于远期合约价格。

反向市场也叫逆向市场，指现货价格高于期货价格，即基差为正值，或者近期合约价格高于远期合约价格。出现这种情况有两个原因：一是近期对某种商品的需求非常迫切，远大于近期产量及库存量；二是预计将来该商品的供给会大幅度增加。反向市场的出现是由于人们对现货商品的需求过于迫切，价格再高也愿意承担，从而造成现货价格剧升，近期月份合约价格也随之上升，远期月份合约则因未来供给将大量增加的预测，价格相对平稳。

普通投机成功的关键在于判断期货价格的变动趋势，套利成功的关键在于关注基差和价差的变动趋势。

相关的期货合约价格之间、期货合约价格与现货价格之间有一定的关系，其价格之差或价格之比要在一定的范围内波动，这是正常的价差范围。当它们的价格关系超出正常范围时，就是不合理的价格关系。一旦基差和价差超出正常水平，就存在套利的可能，投资者可以从基差和价差从异常水平恢复到正常水平中获利，当然还要考虑诸如资金成本等问题。

7.3.2 期现套利

在正常市场中，尽管当月或临近交割月份的合约价格与该商品的现货价格存在一些不同，但两者通常相差不多。这种现象很容易解释，它是期货合约可进行实物交割的逻辑结果。

如果到期的期货合约价格与该商品在现货市场中的价格相差很大，那么交易商能通过往返于现货和期货市场而轻易赚钱。比如，如果到期铝期货价格比现货高 500 元/吨，交易商只需在期货市场卖出铝期货，在现货市场买入铝，并用现货市场购买到的铝进行实物交割，就能获得一定的无风险收益。当然期货价格要高于现货价格，并且超过用于交割的各项成本，如运输成本、质检成本、仓储成本、开具发票所增加的成本等，另外还不能忽视购买现货的资金成本。

在实际进行期现套利操作时，可以关注某合约的基差走势图（如图7-1所示）。一旦基差超过各项成本，就可实施期现套利。

（单位：元/吨）

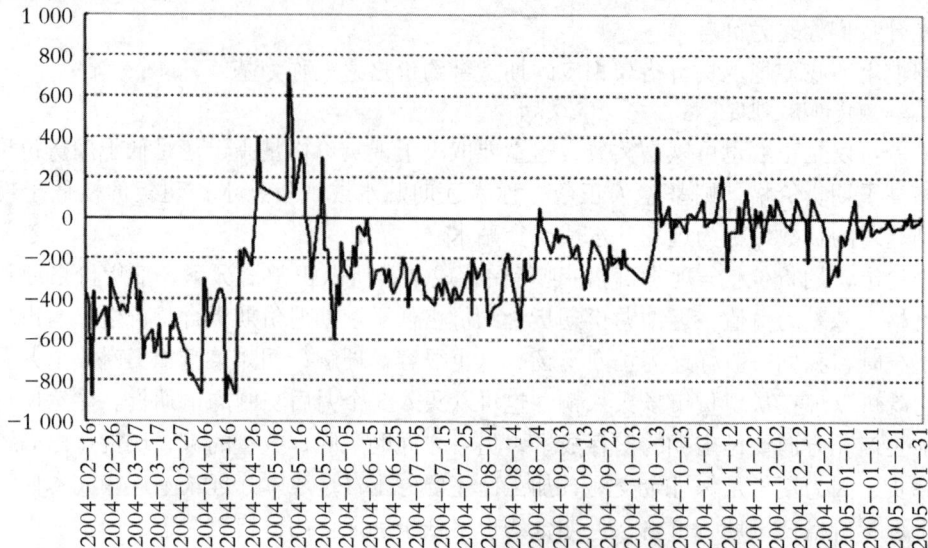

图7-1 沪铝基差走势图

【例7-4】6月份，强麦的现货收购价为 1 800 元/吨，9 月份交割的强麦期货价为 2 050元/吨。通过调查，发现每吨强麦的交割费用如下：

交易交割手续费：2 元/吨；短途运输成本：15 元/吨；入库费用：6 元/吨（汽车），19 元/吨（火车）；仓储费：0.3 元/吨/天，按 90 天计算，共计 27 元/吨；检验费：1 元/吨；增值税：按照利润 100 元、税率 13% 计算，为 11.5 元/吨；麻袋费用：20 元/吨；整理、装车等其他费用：13 元/吨；资金利息：按照 1 800 元/吨、贷款 3 个月短期贷款年利率 6.57% 计算，为 29.565 元/吨。

以上费用合计：125 元/吨 ~ 138 元/吨。

目前强麦现货价格与 9 月份交割的强麦期货合约价格的基差绝对值为 250 元/吨，因此只要每吨强麦的交割费用低于 250 元，就存在无风险的期现套利机会。强麦期现套利流程如下：以 1 800 元/吨买入现货强麦并储存，同时卖出对应数量的 9 月份交割的强麦期货合约，并参与交割。

本次套利每吨可获无风险收益大约为 112 元（250-138）~ 125 元（250-125）。

7.3.3 跨市套利

跨市套利是在不同交易所之间的套利交易行为。当同一期货商品合约在两个或更多的交易所进行交易时，由于区域间的地理差别，各商品合约间存在一定的价差。例如，伦敦金属交易所（LME）与上海期货交易所（SHFE）都进行阴极铜的期货交易，每年两个市场间会出现几次价差超出正常范围的情况，这为交易者的跨市套利提供了机会。例如，当 LME 铜价低于 SHFE 铜价时，交易者可以在买入 LME 铜合约的同时，卖出 SHFE 的铜合约，待两个市场价格关系恢复正常时再将买卖合约对冲平仓并从中获利；反之亦然。在做跨市套利时应注意影响各市场价格差的几个因素，如运费、关税、汇率等。

【例7-5】在通常情况下，SHFE 与 LME 之间的三个月期铝期货价格的比价关系为10∶1（即当 SHFE 铝价为 15 000 元/吨时，LME 铝价为 1 500 美元/吨），但由于国内氧化铝供应紧张，导致国内铝价出现较大的上扬至 15 600 元/吨，致使两市场之间的三个月期铝期货价格的比价关系为 10.4∶1。

但是，某金属进口贸易商判断，随着美国铝业公司的氧化铝生产能力的恢复，国内氧化铝供应紧张的局势将会得到缓解，这种比价关系也可能会恢复到正常值。

于是，该金属进口贸易商决定在 LME 以 1 500 美元/吨的价格买入 3 000 吨三个月期铝期货合约，并同时在 SHFE 以 15 600 元/吨的价格卖出 3 000 吨三个月期铝期货合约。一个月以后，两个市场的三个月期铝的价格关系果然出现了缩小的情况，比价仅为10.2∶1（分别为 15 200 元/吨，1 490 美元/吨）。

于是，该金属进出口贸易商决定在 LME 以 1 490 美元/吨的价格卖出平仓 3 000 吨三个月期铝期货合约，并同时在 SHFE 以 15 200 元/吨的价格买入平仓 3 000 吨三个月期铝期货合约，其获利情况如下（不计手续费和财务费用，1 美元兑 8.3 元人民币）：

[（15 600−15 200）−（1 500−1 490）×8.3]×3 000＝95.1（万元）

这样该金属进出口贸易商就完成了一个跨市套利的交易过程，这也是跨市套利交易的基本方法。经过这样的交易过程，该金属进出口贸易商共获利 95.1 万元。

案例分析 7-1

黄金企业如何利用期货获利几十亿元

2008 年 1 月 9 日上午 9 点，伴随着一声锣响，上海期货交易所交易大厅的电子屏幕上跳出了一串数字——230.95。这是黄金期货主力合约 Au0806 当天的开盘价格，距离黄金期货上市首日的涨停板价 230.99 元/克仅仅差了 4 分钱。而同时挂牌的另外 6 张黄金期货合约的开盘价则集体报在了涨停位置。按当时的汇率计算，我国黄金期货开盘价是当天全球期金市场的盘中最高价格。

回忆起黄金期货上市当天的情景，紫金矿业集团市场部常务副总经理杨庶至今还历历在目。"黄金是一种特殊的金属，正常情况下，凡是在开放交易的黄金市场，几乎都不存在价差。"杨庶告诉记者，如果折合成人民币计算，同一时间全球各大交易所的黄金价格差距每克不会超过正负 5 毛钱。但是，在"炒新"热情的推动下，1 月 9 日当天国内黄金期货的开盘价高于其他市场的价格不少，这在深谙市场规律的现货商看来，是颇为难得的套利机会。

上海期货交易所公布的持仓数据显示，黄金期货上市当天，拥有上期所黄金期货自营席位的产金企业就开始抛空。紫金矿业（601899）、山东黄金（600547）、招金集团从首日起就开始在 0806 合约上建立空仓。1 月 9 日，紫金矿业、招金集团还只是分别尝试性地卖出了 130 手和 24 手，山东黄金（600547）则一上来就空了 680 手；此后的 3 个交易日，紫金矿业、招金集团不断增仓，紫金矿业持有的空单数量大幅增加至 1 513 手，招金集团也增至 345 手；而首日大举建仓的山东黄金变化不大，空单数量始终稳定在 640 手。以上海期货交易所黄金期货 0806 合约 1 月 14 日的结算价 219.28 元/克计算，短短 4 天后，3 大金商自营席位持有的空头合约价值就达到了 5.48 亿元。

"很多人都说我们是黄金期货的最大空头，其实不是这样，我们没有一手的净空头，所有的合约都是对锁的，连合约的到期日都是对锁的！"杨庶所说的"对锁"，是指在抛空国内 0806 合约的同时，在国外其他市场买入同等数量的期货合约。由于黄金具有极强的金融属性，按照经济学的规律，不同市场的同月份期货合约在合约到期时价格必然趋于一致，这一点成为紫金矿业进行跨市场套利的理论基础。

按照杨庶的计算，1 月 9 日上市当天，6 月份到期的黄金期货合约理论价格最多高于现货金价 5 元/克，但事实上，当天的价差超过了 20 元。"如此大的价差蕴含着巨大的无风险套利机会，至少我是这么认为的。"由杨庶制订的套利计划很快在得到紫金矿业高层的首肯后付诸实施，最终，0806 与现货金价之间存在的巨大价差消失，紫金矿业也在这场套利战役中大获全胜。

资料来源：佚名.案例：黄金企业如何利用期货获利几十亿［EB/OL］.（2009-04-11）.http://www.steel-futures.cn/html/200808/13/20080813150320.htm.

问题：国内黄金企业能利用期货获利的内在原因是什么？

分析提示：在上海期货交易所黄金期货上市初期，狂热的市场使得国内黄金期货价格无论与现货黄金价格相比，还是与国际其他市场黄金期货价格相比都较高，国内黄金企业正是利用这些价差通过套利交易而获利。

7.3.4 跨商品套利

跨商品套利指的是利用两种不同的但相关联商品之间的价差进行交易。这两种商品之间具有相互替代性或受同一供求因素制约。跨商品套利的交易形式是同时买进和卖出相同交割月份但不同种类的商品期货合约。例如金属之间、农产品之间、金属与能源之间等都可以进行套利交易。

【例 7-6】由于豆粕是大豆压榨后的附属产品，因此豆粕和大豆在价格走势上具有高度的正相关性。3 月 24 日以后，大连商品交易所豆粕价格暴涨。豆粕 0409 合约价格达到了 3 778 元/吨，大豆 0409 合约价格为 4 000 元/吨，豆粕和大豆的价差缩小至 222 元/吨，远远小于豆粕和大豆的正常价差。投资者认为未来豆粕和大豆的价差会回归正常，因此分别以上述价格卖出豆粕 0409 合约 1 手，买入大豆 0409 合约 1 手，并于 4 月 15 日在豆粕价格 3 550 元/吨、大豆价格 3 900 元/吨时平仓。试计算该投资者此次跨商品套利的盈亏（不计其他费用）。

具体操作过程及盈亏情况见表 7-4。

表 7-4　　　　　　　　　大豆、豆粕跨商品套利操作及盈亏情况

日　　期	豆粕 0409 合约	大豆 0409 合约
3 月 24 日	以 3 778 元/吨卖出 1 手	以 4 000 元/吨买入 1 手
4 月 15 日	以 3 550 元/吨平仓买入	以 3 900 元/吨平仓卖出
	盈利：(3 778-3 550)×10=2 280（元）	亏损：(3 900-4 000)×10=-1 000（元）
本次跨商品套利共盈利=2 280-1 000=1 280（元）		

在实践中，可以通过研究价差走势图（如图 7-2 所示）来进行跨市套利和跨商品套利。一般当价差超越了正常范围时，就可以考虑进行跨市或跨商品套利。但是我们也应该注意到，通过价差的历史走势来判断价差是否正常有时是不可靠的，还需要根据市场情况

灵活运用。

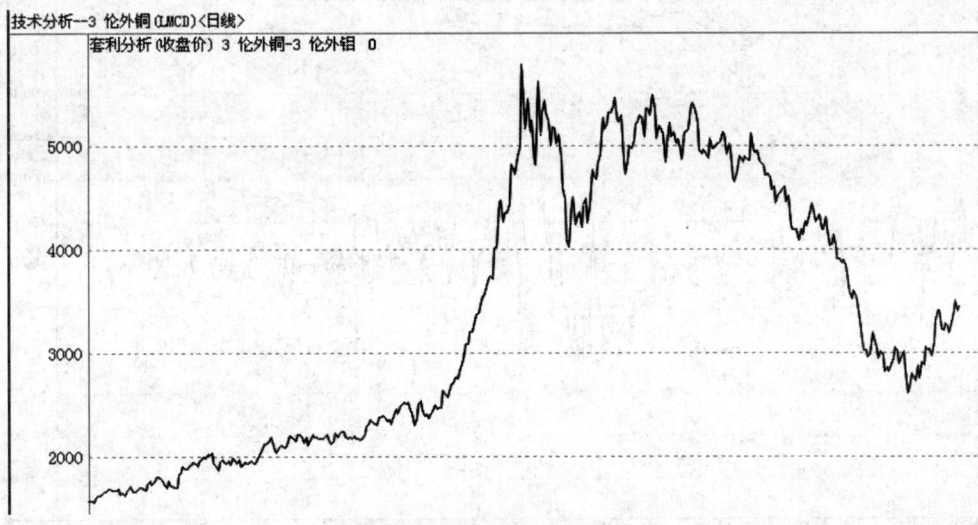

图 7-2　LME 铜铝价差走势图

7.3.5　跨期套利

与期现套利、跨市套利、跨商品套利相比，跨期套利是套利交易中最普遍的一种，它是利用同一商品在不同交割月份之间正常价格差距出现异常变化时进行对冲而获利的。

我们把交割月份离现在较近的期货合约称为近期合约，而把交割月份离现在较远的期货合约称为远期合约。

根据近期合约、远期合约买卖方向不同，跨期套利可以分为两个最基本的形式：买入近期合约，卖出远期合约，简称买近卖远；卖出近期合约，买入远期合约，简称卖近买远。

1）买近卖远

我们首先来看一看，在什么情形下投资者进行买近卖远跨期套利可以获利。

假设某投资者进行了某期货品种的买近卖远跨期操作，具体过程见表 7-5。

表 7-5　　　　　　　　　　　　　　买近卖远跨期操作过程及盈亏情况

日　　期	近期合约	远期合约	价　　差
3 月 1 日	开仓买入，价格 f1	开仓卖出，价格 f2	B = f1-f2
4 月 5 日	平仓卖出，价格 F1	平仓买入，价格 F2	B′= F1-F2
	盈亏：F1-f1	盈亏：f2-F2	
总盈亏：（F1-f1）+（f2-F2）=（F1-F2）-（f1-f2）= B′-B			

很显然，在买近卖远跨期套利中，在 B′-B>0，即 B′>B 的情况下，投资者盈利。B′>B 也就是在价差走势图上（如图 7-3 所示），价差呈上升走势，所以买近卖远跨期套利习惯上也称为牛市套利（bull spread）。价差呈上升走势的可能情形如下：

（1）近、远期期货合约价格均上涨，但近期期货合约价格上涨更快。

（2）近、远期期货合约价格均下跌，但近期期货合约价格下降更慢。

（3）近期期货合约价格近似持平，远期期货合约价格下降。

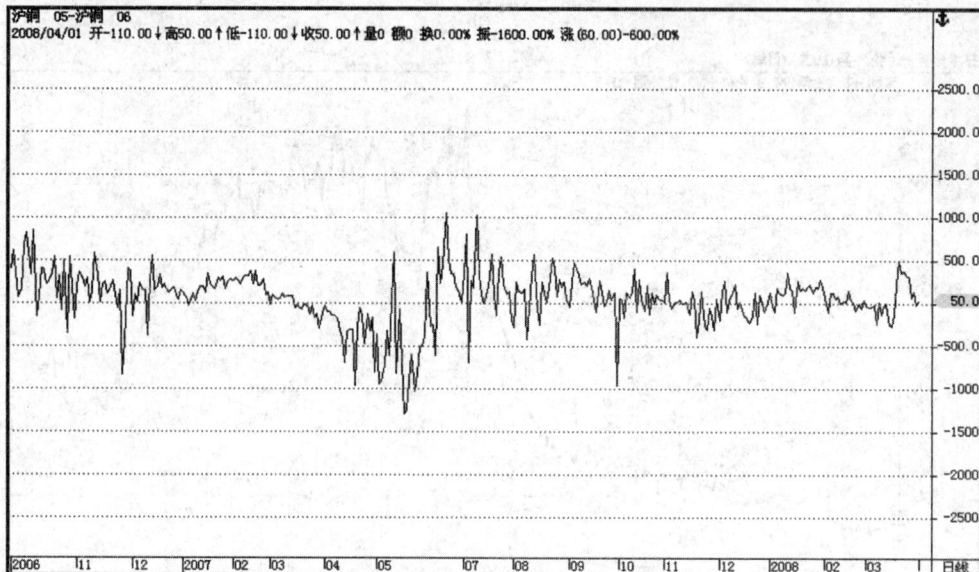

图 7-3   沪铜 05 合约 - 沪铜 06 合约价差走势图

（4）远期期货合约价格近似持平，近期期货合约价格上涨。

（5）近期期货合约价格上涨，远期期货合约价格下跌。

【例 7-7】4 月 5 日，某投资者发现沪铜 0806 合约的价格为 60 000 元/吨，沪铜 0809 合约的价格为 60 800 元/吨，价差为 800 元/吨。该投资者认为价差较大，存在套利空间，于是分别以上述价格进行买近卖远套利交易。5 月 6 日，投资者分别以 60 500 元/吨、61 000 元/吨的价格平仓 0806 合约和 0809 合约。试分析投资者的盈亏情况。

具体操作过程及盈亏情况见表 7-6。

表 7-6   价差呈上升趋势情况下投资者操作过程及盈亏情况

日　期	沪铜 0806	沪铜 0809	价　差
4 月 5 日	买入，价格 60 000 元/吨	卖出，价格 60 800 元/吨	-800 元/吨
5 月 6 日	平仓，价格 60 500 元/吨	平仓，价格 61 000 元/吨	-500 元/吨
	盈利：500 元/吨	亏损：-200 元/吨	价差缩小 300 元/吨
总盈亏：500-200=300（元/吨）			

其实，本例中的投资者可以直接买入沪铜 0806 合约进行投机性看涨操作，从而获取 500 元/吨的利润，但是风险较跨期套利高。因为如果沪铜 0806 合约没有上涨，而是下跌，将面临亏损风险。而本例中的跨期套利不管近期合约、远期合约价格波动方向如何，只要价差缩小，投资者即可获利，体现了套利风险较小的特征。这是由同种商品、不同月份的期货合约，其大致价格走向是一致的决定的。也就是说，近期合约的亏损可以从远期合约的盈利得到补偿，远期合约的亏损可以从近期合约的盈利得到补偿。

本例中，即使价差扩大，投资者面临亏损，其损失程度还是要小于投机性交易。

【例 7-8】接【例 7-7】，其他条件不变，假设 5 月 6 日投资者以 61 500 元/吨的价格平仓 0809 合约，试分析投资者的盈亏情况。

具体操作过程及盈亏情况见表 7-7。

表 7-7　　　　　　　　　价差呈下跌趋势情况下投资者操作过程及盈亏情况

日　期	沪铜 0806	沪铜 0809	价　差
4 月 5 日	买入，价格 60 000 元/吨	卖出，价格 60 800 元/吨	−800 元/吨
5 月 6 日	平仓，价格 60 500 元/吨	平仓，价格 61 500 元/吨	−1 000 元/吨
	盈利：500 元/吨	亏损：−700 元/吨	价差扩大 200 元/吨
	总盈亏：500−700 = −200（元/吨）		

可以看出，在价差呈下跌趋势的情况下，该投资者采用买近卖远跨期套利策略时损失 200 元/吨，但是如果投资者采用投机性交易策略，一旦方向判断错误，采用看跌的投机性交易策略，则操作沪铜 0806 损失 500 元/吨，操作沪铜 0809 损失 700 元/吨，远远大于跨期套利交易。

2）卖近买远

我们再来看一看，在什么情形下投资者进行卖近买远跨期套利可以获利。

假设某投资者进行了某期货品种的卖近买远跨期操作，具体过程见表 7-8。

表 7-8　　　　　　　　　　卖近买远跨期操作过程及盈亏情况

日　期	近期合约	远期合约	价　差
3 月 1 日	开仓卖出，价格 f1	开仓买入，价格 f2	$B = f1 - f2$
4 月 5 日	平仓买入，价格 F1	平仓卖出，价格 F2	$B' = F1 - F2$
	盈亏：f1−F1	盈亏：F2−f2	
	总盈亏：（f1−F1）+（F2−f2）=（f1−f2）−（F1−F2）= B−B′		

很显然，在卖近买远跨期套利中，在 B−B′>0，即 B>B′ 的情况下，投资者盈利。B>B′ 也就是在价差走势图上（如图 7-3 所示），价差呈下跌走势，所以卖近买远跨期套利习惯上也称为熊市套利（bear spread）。价差呈下跌走势的可能情形如下：

（1）近、远期期货合约价格均上涨，但近期期货合约价格上涨更快。

（2）近、远期期货合约价格均下跌，但近期期货合约价格下降更慢。

（3）近期期货合约价格近似持平，远期期货合约价格下降。

（4）远期期货合约价格近似持平，近期期货合约价格上涨。

（5）近期期货合约价格上涨，远期期货合约价格下跌。

【例 7-9】3 月 2 日，某投资者发现中金所的 IF0805 合约的价格为 5 000 点，IF0806 合约的价格为 5 100 点，价差 100 点。该投资者从 IF05-06 合约价差走势图上发现，100 点的价差偏小，存在套利空间，于是分别以上述价格进行卖近买远套利交易。3 月 28 日，投资者分别以 4 500 点、5 000 点的价格平仓 IF0805 合约和 IF0806 合约。试分析投资者的盈亏情况。

具体操作过程及盈亏情况见表 7-9。

表 7-9　　　　　　　　价差呈下跌趋势情形下投资者操作过程及盈亏情况

日　期	IF0805	IF0806	价　差
4 月 5 日	卖出，价格 5 000 点	买入，价格 5 100 点	−100 点
5 月 6 日	平仓，价格 4 500 点	平仓，价格 5 000 点	−500 点
	盈利：500 点	亏损：−100 点	价差扩大 400 点

案例分析 7-2

连塑主力换月　跨期套利机会浮现

自 6 月底开始，连塑触底反弹，放量上扬，增仓超过 12 万手，成为商品市场当中比较亮眼的明星。但近期，市场对于伯南克关于美国未来政策讲话的不同解读以及欧债危机的反复，使得原油等大宗商品再次陷入高位震荡格局。而连塑快速拉升之后，初露上行乏力迹象，维持高位盘整，单边投机操作机会较难捕捉。

但我们注意到，在整体市场氛围较为迷茫之际，随着连塑主力合约换月，L1109 与 L1201 合约之间跨期套利机会已悄然出现。

目前情况下买 1109 合约抛 1201 合约，两个合约的价差超过 600 元/吨。如果考虑交割的情况，按照公式"套利成本＝仓储费＋交易交割费用＋入库取样及检验费＋出入库费＋增值税＋资金利息"计算出来的跨期套利成本在 560 元/吨左右，则年化收益率为 4.96%；如果最后在场内平仓，则跨期套利成本更低，为 235 元/吨（交易手续费＋资金利息），年化收益率为 43.08%。

另外，根据历史数据统计，连塑 9 月合约和次年 1 月合约价差一般在 7 月中下旬开始扩大，目前两者价差已创历史新高，高达 600 余点，大于套利成本，可以入场进行买近抛远的套利操作。但需注意，根据以往统计，两者价差一般临近交割月方才收敛，或是最终收敛幅度很小，因此若在进入交割月之前价差尚未缩小，投资者需做好交割的准备。

总体上，在连塑主力换月过程中，一般一年当中会出现 2～3 次的跨期套利机会。比如现在 L1109 与 L1201 的价差波动在 520 点和 650 点之间，日内就可以进行相关的套利操作，不仅风险较小，而且收益相对较高。但值得注意的是，跨期套利不仅要关注价差的变化，也要注意系统性风险或基本面有没有异常的发生，如果出现异常，以及时止损为宜。

资料来源：郭华．连塑主力换月　跨期套利机会浮现［N］．证券时报，2011-07-20.

问题：根据上述材料探讨在实际期货交易中如何根据价差图来进行套利交易。

分析提示：通过判断价差未来呈上升还是下跌走势来进行有利的套利交易。

知识掌握

7.1　什么是投机交易？投机交易的两个基本类型是什么？

7.2　什么是基差？什么是价差？

7.3　什么是套利交易？套利交易有哪些类型？

7.4　什么是跨期套利？

7.5　什么是牛市套利？什么是熊市套利？

知识应用

□ 案例分析

股指期货与现货如何套利

股指期货的正向套利是指买进某一股指现货，同时按照当前的价格卖出股指期货合约，待期货到期交割后，赚取无风险有时甚至是无需本金投入的利润的过程。正向套利成立的条件是期货价格向上偏离现货的价格，比如 2007 年 10 月 16 日，中国金融期货交易所正在进行仿真交易的四个合约之一的 IF0711 合约，收盘价 7 726 点，远高于指数现货 5 877点，正向偏离达到 1 849 点。如果现在的仿真交易是现实中的真实行情，那么投资者如何利用当前存在的套利机会呢？

一般来说，正向套利包括五个步骤：①以市场利率借入资金，期限与期货合约的到期期限相同；②按照当前价格和各成份股权重买入沪深 300 成份股，模拟沪深 300 指数现货；③按照当前期货价格，卖出等份但不等值期货合约；④按照套利结束或期货到期时的现货价格，卖出持有的沪深 300 成份股；⑤偿还贷款本金和利息。如果期货价格高于其理论价格，那么执行上述五步骤则可以赚取无风险利润。这当然还要考虑套利成本和应对风险的对策。

以 2007 年 10 月 16 日收盘为例，沪深 300 指数现货当日收盘价 5 877 点，IF0711 收盘价 7 726 点，该合约于 2007 年 11 月 16 日到期。假设沪深 300 指数年平均红利率为 2%，计划做套利交易 1 亿元，那么，可以通过下面的过程进行套利。

第一步：以银行 3 个月贷款利率 4.77% 借入资金 1 亿元（为了简化分析，此处忽略期货保证金的定量分析，后面给出期货保证金的定性分析），贷款期限为 31 天，由此可以算出这一步发生的利息成本为 40.5 万元（1 亿元×4.77%×31 天/365 天）。随着时间的推移，指数可能会继续上涨，从而使套利组合中的期货空头仓位发生亏损，这会导致期货保证金的需求增加。另外，交易所调整保证金比例也会导致增加期货保证金，比如，近期中金所把远期合约的保证金比例由 10% 提高到了 12%。虽然指数的上涨理论上是没有上限的，它意味着保证金的追加在理论上也是没有上限的，但是通过统计分析还是可以合理估计出保证金潜在需求的上限。假设指数现货 31 天后上涨 100%（这已是极为罕见的情况），此时相应要求追加的保证金在 1 亿元以上（以套利规模 1 亿元推算）。虽然这看上去比较恐怖，但是在期货指数翻倍的同时，套利组合中的现货多头仓位也必然上涨 100% 以上。现在的问题是，虽然股指期货价格上涨造成的亏损会有现货的盈利进行对冲，但期货上的亏损所要求追加的保证金却不可以拿现货上的盈利来冲抵，因为股票交易和期货交易隶属于不同的交易所。因此，后续是否有足够的融资能力来确保保证金的追加是套利成功的关键。

第二步：以当前价格按照沪深 300 指数成份股的构成比重买入沪深 300 股指成份股现货 1 亿元，并转换为类似于期货合约手数的形式，即买入 57 手指数现货。目前印花税税率是 0.3%，过户费是 0.1%，交易佣金上限为 0.3%。我们按照该上限估算，现货总的交易成本为 0.7%。由此可以算出这一步发生的交易成本为 70 万元（1 亿元×0.7%）。

第三步：按照当前 IF0711 合约价格 7 726 点，卖出 57 手期货合约。按照 6 月 27 日中金所修订后的交易规则，交易所收取的手续费为成交金额的万分之 0.5，假设期货公司再加收万分之 1.5 的手续费，股指期货总的交易成本为万分之二。由此可以算出这一步发生的手续费为 2.6 万元（57×7 726×300×2‰）。

第四步：IF0711 合约到期（2007 年 11 月 16 日）下午，均匀卖出沪深 300 股指现货。之所以这样做，是因为《中国金融期货交易所结算细则》规定：股指期货交割结算价为最后交易日标的指数最后 2 小时的算术平均价。这一步发生的股票交易成本为 70 万元（1 亿元×0.7%），期货交割手续费为 2.6 万元（57×7 726×300×2‰），其他成本为 8.5 万元（1 亿元×1%×31 天/365 天）。（注：期货交割手续费与期货交易手续费相同，其他成

本按照年均1%估算)

第五步：假设11月16日沪深300指数收于M点，具体的套利利润如下：现货头寸是M点×300元/点×57手，期货头寸是（7 726点×300元/点-M点×300元/点）×57手，归还贷款1亿元，扣除总的套利成本194.2万元（第一步40.5万元+第二步70万元+第三步2.6万元+第四步81.1万元）后，套利利润为3 017万元。

资料来源：佚名.股指期货与现货如何套利［N］.中国证券报，2007-11-08.

问题：分组讨论在实践中如何进行沪深300股指期货的套利交易。

分析提示：结合沪深300股指期货的现货，即沪深300指数基金来进行。

□ 实践训练

利用上海期货交易所不同月份的铜期货合约进行跨期套利。

要求：

①选取上海期货交易所铜期货的某一近月合约、某一远月合约。

②作出二者之间的历史价差走势图。

③根据价差走势图判断目前这两份合约之间有无跨期套利空间。如有，进行一次跨期套利操作，并考察盈利的大小。

第8章　套期保值

学习目标

在学习完本章之后，你应该能够：了解套期保值的概念和原理；掌握套期保值的两种类型；了解基差变动对套期保值的影响。

引例

常铝股份上市后年年套保　成期货市场"回头客"

中小板上市公司常铝股份是期货市场的常客。该公司中报显示，今年上半年公司期货保证金为225.9万元。据了解，公司上市后公布年度报告以来，均有参与期货套期保值，其中2007年、2008年期货保证金账户余额1 000万元左右，2009年、2010年保持在400万元以内。

浙商期货有色金属分析师王琳告诉本报记者，常铝股份2007—2010年度财务报告显示，因买入铝期货套期保值产生的套期工具公允价值变动分别为-223万元、-180万元、88万元与35万元，套期保值中期货市场的盈亏与铝价波动关系密切，此前损失偏大也与套保比例较大有关。

有业界人士称，像常铝股份这样的中小板上市公司风险意识都很强，易于接受期货套保理念。王琳分析说，依据该公司参与套期保值业务的说明，"由于电解铝价格在短期内波动幅度较大，部分客户在对原材料价格看涨的判断下，选择锁定原材料价格的方式与公司签订销售合同（订单），并承担在约定的期限内，向公司采购相应数量产品的义务。对这部分锁定价格的原材料，公司通过商品期货套期保值的避险机制，消除材料价格波动风险。也就是依据双方约定的材料锁定价格和数量，在期货市场购入相应价格和数量的期货买入合约，以达到锁定与客户约定的材料成本，避免材料出现大幅上涨带来可能的原材料成本损失。"

因销售价格已经提前确定，套期保值的目的在于锁定原材料价格上涨风险。常铝股份2010年生产铝箔约9.1万吨，《套期保值业务的议案》中规定的预计全年购入套期保值数量为1 600手（8 000吨），占2010年产量的8.79%，套期保值比例较低。正常套期保值有助于通过锁定原材料成本，从而与销售合同一起锁定加工利润，避免利润大幅波动带来的经营风险。

资料来源：佚名.常铝股份上市后年年套保　成期货市场"回头客"[N].证券日报，2011-11-04.

这一案例表明：和金属铝一样，黄金、石油、小麦、玉米等大宗商品的价格波动也很大，无论是这些商品的生产者，还是以这些商品作为原料的加工者都面临很大的风险，企业可以通过套期保值的方式来规避此类商品价格波动的风险，稳定未来业绩。

8.1　套期保值概述

8.1.1　套期保值的概念

期货套期保值是指以规避现货价格风险为目的的期货交易行为，套期保值操作是生产经营者通过期货市场规避风险的主要方式。它是在期货市场上买进或卖出与现货数量相等但交易方向相反的期货合约，以期在未来某一段时间通过卖出或买进期货合约而补偿现货市场价格不利变动所带来的实际损失。

期货市场的基本经济功能之一，就是为现货企业提供价格风险管理的市场机制，而要达到这个目的，最常用的手段就是进行套期保值交易。进行套期保值交易的主要目的就是要把生产经营者的价格风险转移给期货投机者。

8.1.2　套期保值的原理

套期保值之所以能够规避价格风险，其基本原理在于：

首先，在期货交易过程中，期货价格和现货价格尽管在变动幅度上可能不一致，但变动的趋势基本一致，因为期货价格和现货价格受相同的经济因素和非经济因素影响和制约，引起现货价格涨跌的因素，同样也影响期货价格的涨跌。以糖为例，其期货与现货价格走势基本一致，如图 8-1 所示。套期保值就是利用期、现两个市场这种价格关系，在期货市场和现货市场做相反的交易来达到消除不利因素带来的影响，达到保值的目的，使生产成本和利润稳定在一定的目标水平上。

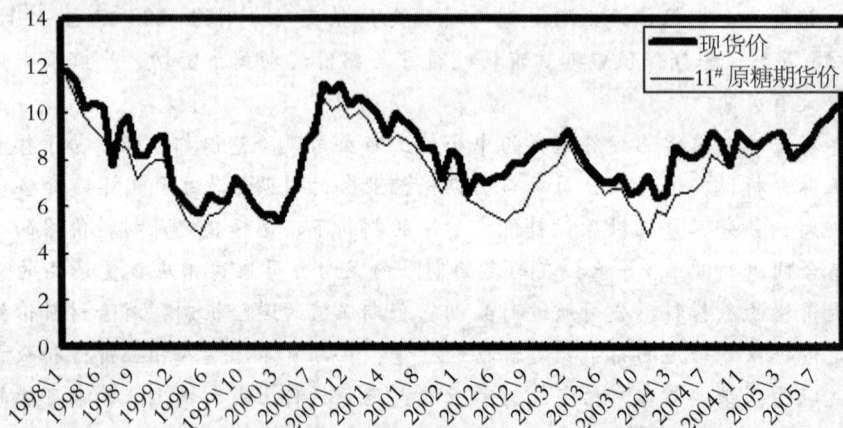

图 8-1　NYBOT11 号原糖期货与现货价格走势对比图

其次，期货合约到期必须进行现货交割的规定，使现货价格与期货价格具有趋合性，即当期货合约临近到期日时，两者价格的差异接近零，否则就有套利的机会（到交割时，如果期货价格和现货价格不同，如期货价格高于现货价格，就会有套利者买入低价现货，卖出高价期货，在无风险的情况下实现盈利，这种套利使得期货价格和现货价格趋于一致），因而，在到期日前，期货价格和现货价格具有高度的相关性。在相关的两个市场中，反向操作，必然有相互冲销的效果。

当然，期货市场并不等同于现货市场，它还会受到一些其他因素的影响，因而期货价格波动频率和波动幅度不一定与现货价格完全一致，比如期货市场上有特定的交割品质要求，还有交割地点的差异，而且两个市场的参与者结构和操作规模也不尽相同等。这就意味着，套期保值者在实际操作时，有可能获得额外利润，也有可能产生小额亏损。

8.1.3　套期保值的类型

按照在期货市场上买卖方向的不同，套期保值又分为买入套期保值和卖出套期保值。

1）买入套期保值（买期保值）

买入套期保值是指交易者先在期货市场买入期货，以便将来在现货市场买进现货时不致因价格上涨而给自己造成经济损失的一种套期保值方式。

如果一位现货商需要铜，将来要购买铜，为了回避价格风险，他可以在期货市场上进行买入套期保值。买入套期保值为那些想在未来某时期购买某种商品，而又想避开这中间可能出现的价格上涨的现货商所采用。如果价格上涨，他将在现货市场上为购买该商品支付更多的资金。但同时，期货市场上"买入套期保值头寸"的建立，使得期货市场上的赢利抵消了现货市场中的损失。

买入套期保值适用于企业的以下情况：

第一，加工制造企业为了防止日后购进原材料时价格上涨的情况；

第二，供货方已经跟需求方签订好现货供应合同，将来交货，但供货方尚未购进货源，担心日后价格上涨的情况；

第三，需求方认为目前的现货市场的价格很合适，但由于资金短缺或无仓库等原因不能立即购买，担心日后价格上涨的情况。

【例 8-1】　　　　　　饲料厂豆粕买入套期保值

2 月份，国内豆粕价格受禽流感蔓延的冲击下跌到 2 760 元/吨附近。某一饲料厂在 4 月份需要使用豆粕 1 000 吨，由于当时的豆粕价格相对于进口大豆加工来说，明显偏低，饲料厂担心后期随着禽流感的好转，豆粕价格将出现回升，从而导致其生产成本增加。为了锁定其后期的豆粕采购成本，饲料厂决定买入大连豆粕 0405 合约进行套期保值。

2 月 11 日，饲料厂以 2 720 元/吨的价格买入 100 手豆粕 0405 合约（1 手 = 10 吨）。到了 4 月份，豆粕价格正如饲料厂所预料的那样出现了上涨，价格上涨到 3 520 元/吨，而此时 0405 豆粕合约价格也上涨到了 3 570 元/吨。4 月 5 日，该饲料厂以 3 520 元/吨的价格在现货市场买进 1 000 吨豆粕，同时在期货市场以 3 570 元/吨的价格卖出豆粕 0405 合约平仓。

该饲料厂的套期保值过程及效果（不考虑手续费等交易成本）见表 8-1。

从盈亏情况来看，现货价格的上涨导致饲料厂的原料采购成本上升了 76 万元，但买入套期保值操作产生了 85 万元的利润，在弥补了现货市场成本上升的同时还获得了 9 万元的额外利润。

2）卖出套期保值（卖期保值）

卖出套期保值是指交易者先在期货市场卖出期货，当现货价格下跌时以期货市场的盈利来弥补现货市场的损失，从而达到保值目的的一种套期保值方式。卖出套期保值主要适用于拥有商品的生产商或贸易商，他们担心商品价格下跌使自己遭受损失。

表8-1　　　　　　　　　　　饲料厂套期保值过程及效果

	现货市场	期货市场
2月11日	豆粕销售价格2 760元/吨	买入100手0405豆粕合约 价格为2 720元/吨
4月5日	买入1 000吨豆粕 价格为3 520元/吨	卖出100手0405豆粕合约 豆粕合约价格为3 570元/吨
盈亏变化情况	(2 760-3 520)×1 000=-76（万元）	(3 570-2 720)×100×10=85（万元）

如果一位现货商在现货市场中拥有铜，他可以通过在期货市场上卖出等量的铜合约来套期保值。卖出套期保值能使现货商锁定利润。在商品持有期，如果铜价格下降，铜持有者将在现货市场中亏钱。可是，当他在期货市场买入铜期货合约时，他就可以从期货价格下跌中获利，从而弥补现货市场的损失。盈利和损失相互抵消使该现货商所持有的商品的净价格与商品原有价值非常接近。

卖出套期保值适用于企业的以下情况：

第一，厂家有库存或将收获农产品的农场担心日后出售时价格下跌；

第二，储运商、贸易商有库存现货尚未出售，担心日后出售时价格下跌；

第三，加工制造企业担心库存原料价格下跌。

【例8-2】　　　　　　　　　油厂豆粕卖出套期保值

10月份，某一油厂以3 500元/吨的价格进口一船大豆。当时豆粕现货价格为2 950元/吨，在分析了后期豆粕市场的基本情况后，预计后期现货价格可能难以继续维持高位，甚至可能出现下跌。为了规避后期现货价格下跌的风险，该油厂决定通过卖出大连豆粕0401合约来对后期的豆粕现货进行套期保值。10月25日后，豆粕0401合约价格在2 950元/吨附近盘整，该油厂以2 950元/吨的均价卖出0401豆粕期货1 000手（1手=10吨）进行套期保值，规避后期可能出现的豆粕价格下跌的风险。进入11月份，随着国内豆粕现货市场供不应求局面的改善，豆粕现货价格和期货价格出现了同步的回落。12月4日油厂以2 650元/吨的价格买进0401豆粕期货1 000手进行平仓，同时在现货市场以2 760元/吨的价格销售现货10 000吨。

该油厂的套期保值过程及效果见表8-2。

表8-2　　　　　　　　　　　油厂的套期保值过程及效果

	现货市场	期货市场
10月25日	豆粕销售价格2 950元/吨	卖出1 000手0401豆粕合约 价格为2 950元/吨
12月4日	卖出10 000吨豆粕 价格为2 760元/吨	买入1 000手0401豆粕合约 价格为2 650元/吨
盈亏变化情况	(2 760-2 950)×10 000=-190（万元）	(2 950-2 650)×1 000×10=300（万元）

虽然现货价格的下跌导致该油厂销售现货的利润少了190万元，但其卖出1月豆粕的套期保值操作使其获得了300万元的期货利润，不但弥补了现货市场的损失，而且还获得了额外的收益110万元。

8.1.4　套期保值需遵循的原则

套期保值需遵循四大基本原则：

第一，数量相等原则，即合约代表的标的资产数量与需保值资产数量相等，如 100 吨铜在上海期货交易所需用 20 手铜合约保值（5 吨/手）。

第二，方向相反原则，即现货市场交易方向应与期货市场交易方向相反，如贸易商购入现货时应卖出期货合约，而出售现货时应买入期货合约。

第三，品种相同原则，即期货合约代表的标的资产与需保值的资产的品种、质量、规格等相同，例如对铜保值应用铜期货。

第四，时间相同原则，即期货交易应与现货交易同步，在现货交易开始时建立期货部位，而现货交易结束的同时，将期货部位平仓。

8.1.5　套期保值的避险程度

理论上说，套期保值具有"双向效果"。它不仅能防止因价格不利运动所带来的可能损失，而且，它也会失去因价格有利运动带来意外收益的可能性。

【例 8-3】　　　　**变压器生产企业失去因铜价下跌所带来的收益**

2 月份，现货铜价格为 63 000 元/吨，某变压器生产企业预计 6 月份需购买 100 吨铜。由于铜价一直处于上升趋势，该企业为了规避铜价上涨的风险，决定在上海期货交易所做买入套期保值，买入 20 手沪铜 0807 合约（5 吨/手），价格为 66 000 元/吨。4 月份，由于经济过热，国家实施宏观调控，铜等原材料价格都出现了下跌。6 月份，该企业在现货市场买入 100 吨铜，价格为 58 000 元/吨，同时以 61 000 元/吨平仓卖出 20 手沪铜 0807 合约。

该变压器生产企业套期保值过程及效果见表 8-3。

表 8-3　　　　　　　　　　**变压器生产企业套期保值过程及效果**

	现货市场	期货市场
2 月份	铜销售价格 63 000 元/吨	买入 20 手 0807 铜合约 价格为 66 000 元/吨
6 月份	买入 100 吨铜 价格为 58 000 元/吨	卖出 20 手 0807 铜合约 价格为 61 000 元/吨
盈亏变化情况	（63 000－58 000）×100＝50（万元）	（61 000－66 000）×20×5＝－50（万元）

虽然铜现货价格的下跌导致该变压器生产企业进货成本减少 50 万元，但由于其卖出套期保值操作亏损了 50 万元，因此企业的实际进货成本还是 63 000 元/吨，失去了铜价下跌的好处。

但对谨慎的现货商来说，这种潜在收益的风险实在太大了，最好是转移给市场上众多的投机商。

实践证明，套期保值为现货商提供了理想的价格保护，但实际生活中，这种保护并不一定是十全十美的。许多因素经常会影响到套期保值的效果。

套期保值的避险程度，或者说保值效果，依情况的不同大致有以下三种情况：

第一，以期货市场上的盈利弥补现货市场上的亏损，实现持平保值；

第二，期货市场上的盈利不足以弥补现货市场上的亏损，实现减亏保值；

第三，期货市场上的盈利弥补现货市场上的亏损有余，实现有盈保值。

从理论上讲，持平保值是一种完美的保值状态，但它在现实中却很少存在。那么，现实中保值不完全的原因在哪里呢？一般来说，影响保值效果的原因主要有以下几个：

1）时间差异的影响

这有两个方面的含义：

第一，对一个品种进行保值时，往往有若干不同月份的期货合约可供选择，保值效果随选择月份的不同而有差异。根据套期保值的两个实现条件，选择与未来现货交易时间同一月份的期货合约保值较易达到完美保值效果，如在3月份签订了6月份交货的合同，最好选6月份的期货合约保值。但在实际操作中，考虑到市场流动性等因素，交易者往往会选择其他月份的合约，如7月份的合约、8月份的合约等。

第二，期货价格与现货价格的波幅时常不一致，不同时点两种价格基差不同，特别是对于具有明显生产周期的商品来说，季节性供求关系变动对两个市场的影响程度不一样。

因此，如何恰当地选择期货合约的月份，也是提高保值效果的重要因素。

2）地点差异的影响

同种商品在不同地区的现货交易价格并不相同。同一商品在交易所的不同地区的定点注册仓库的价格也并不相同。交易所会根据实际情况制定合理的升贴水标准，以反映不同地点间的运输成本。在以上两种情况下，地点差异可能会严重影响保值效果。

3）品质规格差异的影响

有时现货商需保值的品种与标准化合约标的物有差异，其价格波动幅度就不完全一致。

4）数量差异的影响

标准化合约的交易单位的标准化决定了期货市场上的交易数量必须是交易单位的整数倍，而现货交易的数量却不受限制。沪铜合约每手为5吨，如果实际需要保值的现货量为8吨，那么无论是做1手还是做2手都无法与现货量相一致。

8.2　基差变动对套期保值的影响

8.2.1　基差变动

在套期保值中，基差的计算公式为：

基差＝计划进行套期保值资产的现货价格－所使用合约的期货价格

如果要进行套期保值的资产与期货合约的标的资产一致，在期货合约到期日基差应为零。在到期日之前，基差可正可负。若画出基差图，我们会发现基差是不断波动的，由于基差是现货价格与期货价格之差，故其变化幅度要比现货价格本身的变动幅度小得多。基差的变化有变强和变弱两种趋势。

1）基差变强

基差变强，也就是从基差走势图（如图8-2所示）上观察，基差呈上升趋势。基差变强有三种情况：

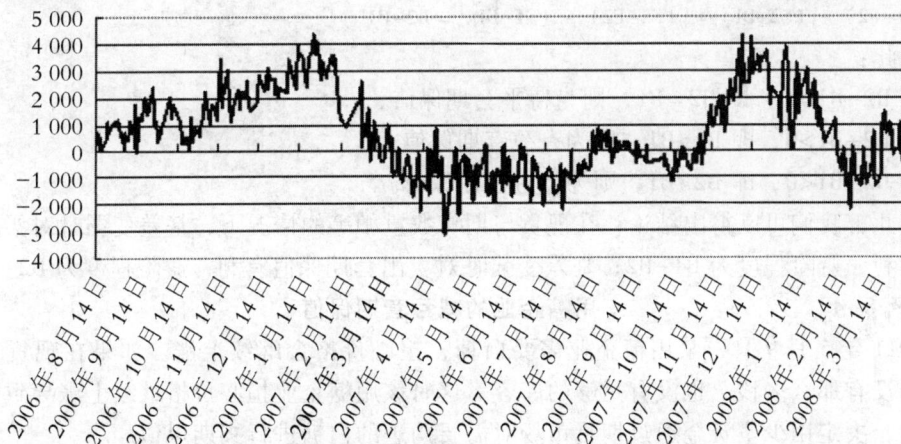

图 8-2 铜现货对沪铜期货主力合约基差走势图

（1）负值缩小；

（2）由负变正；

（3）正值增大。

2）基差变弱

基差变弱，也就是从基差走势图（如图 8-2 所示）上观察，基差呈下降趋势。基差变弱也有三种情况：

（1）基差正值变小；

（2）基差由正变负；

（3）基差负值增大。

8.2.2 基差变化对套期保值的影响

为了讨论基差变化对套期保值的影响程度，假定套期保值情形如表 8-4 所示，即保值者在时间 T1 时入市开仓建立第一个期货部位，此时现货价、期货价分别为 S1、F1；保值者在 T2 时平仓，此时现货价、期货价分别为 S2、F2，T1、T2 时刻的基差分别为 B1、B2。

表 8-4　　　　　　　　　　　　　　基差变化对套期保值的影响

时间	基差	现货市场	期货市场
T1（入市开仓）	B1	S1	F1
T2（平仓出市）	B2	S2	F2

对于买入套期保值者而言，避险程度为：

$(F2-F1) + (S1-S2) = (S1-F1) - (S2-F2) = B1-B2$

因此：

若 B1-B2=0，即 B1=B2，则为持平套期保值；

若 B1-B2>0，即 B1>B2，则为有盈套期保值；

若 B1-B2<0，即 B1<B2，则为减亏套期保值。

对于卖出套期保值者而言，避险程度为：

（F1－F2）＋（S2－S1）＝（S2－F2）－（S1－F1）＝B2－B1

因此：

若 B2－B1＝0，即 B2＝B1，则为持平套期保值；

若 B2－B1＞0，即 B2＞B1，则为有盈套期保值；

若 B2－B1＜0，即 B2＜B1，则为减亏套期保值。

由此，我们可以得出结论：在现货与期货数量相等的情况下，基差变弱时对买入套期保值有利，避险程度为 B1－B2；基差变强时对卖出套期保值有利，避险程度为 B2－B1。

【例 8-4】　　　　　　　　　用糖企业的减亏套期保值

2011 年 5 月 9 日，某用糖企业需要白糖，担心价格会继续上涨。如果在现货市场买进，既没有那么多钱，也没有足够的库容。这时该用糖企业担心价格继续上涨导致加工成本提高，决定用少量资金通过期货市场对需要购进的白糖进行买期保值。

该用糖企业的减亏套期保值操作过程及效果见表 8-5。

表 8-5　　　　　　　　　用糖企业的减亏套期保值操作过程及效果

	白糖现货价格	白糖期货价格	基差
2011 年 5 月 9 日	6 860 元/吨，用糖企业需要现货	买入 SR117 期货合约，价格为 6 930 元/吨	－70 元/吨
2011 年 6 月 10 日	7 300 元/吨	期货价格 7 330 元/吨，平仓	－30 元/吨
结果	现货买价提高 440 元/吨	期货赚 400 元/吨	基差增强
	实际成本 6 900 元/吨，比当初想要锁定的价格 6 860 元/吨提高了 40 元/吨		

【例 8-5】　　　　　　　　　制糖企业的有盈套期保值

假定 2011 年 6 月 1 日，某制糖企业库存有白糖，担心价格下跌。如果在现货市场卖出，一下子也卖不完，况且，价格天天下跌，在买涨不买跌的心理作用下，也很难找到合适的买家。这时该企业考虑通过期货市场对这批货物进行卖期保值。当时的现货价格为 7 000 元/吨，SR119 期货价格为 6 980 元/吨。

该制糖企业的有盈套期保值操作过程及效果见表 8-6。

表 8-6　　　　　　　　　制糖企业的有盈套期保值操作过程及效果

	白糖现货价格	白糖期货价格	基差
2011 年 6 月 1 日	7 000 元/吨，库存现货	卖出 SR119 合约，价格 6 980 元/吨	20 元/吨
2011 年 8 月 2 日	6 200 元/吨	期货价格 6 150 元/吨，平仓	50 元/吨
结果	现货少卖 800 元/吨	期货赚 830 元/吨	基差增强
	实际卖价 7 030 元/吨，比当初想要锁定的价格 7 000 元/吨提高了 30 元/吨		

案例分析 8-1

株冶集团 1 000 万元的套期保值

当记者前不久来到位于湖南的株冶集团时，已看不到年初雪灾给这家全球第九大锌冶炼企业带来的影响。而建设中的新锌冶炼项目逐步投产，也将弥补雪灾给株冶集团锌生产带来的损失。

事实上，雪灾给株冶集团带来的考验不仅仅是在生产方面，在锌期货市场的套期保值上他们也面临着不小的挑战。有趣的是，这一挑战并非来自难以捉摸的期锌价格变化，而是对公司套期保值制度执行力的考验。

1 000 万元买来的案例

2008 年初，我国南方地区遭受了史上罕见的雨雪冰冻灾害，包括株冶集团在内，多家湖南、江西和贵州等地的有色金属冶炼企业纷纷由于雪灾导致的电力供应紧张而在 1 月中下旬宣布减产甚至停产。作为全球最大的锌生产国——中国的锌冶炼企业普遍出现产能中断，直接导致伦敦、上海两市对于锌价的一片看涨气氛。

在此情况下，株冶集团管理层对于是否继续持有因套期保值需要而建立的空头头寸发生了分歧。

1 月 29 日，株冶集团发布公告称，由于电力供应紧张，株冶集团暂停主要生产系统的生产。面对由于电力中断而导致的锌价上涨预期，株冶集团董事长傅少武在当天的保值方案决策小组会议上提出建议，可以将去年 11 月建立在上期所锌期货 0803 合约上的 8 000 吨空头头寸暂时平仓，在产能中断推高锌价后再建立空头头寸，这样能使锌锭销售时获得更高的收益。

但这一建议却在当天的会议上受到公司管理层其他成员的反对。有人提出，首先雪灾造成的不仅是锌产能的中断，同时也将影响锌的消费，所以锌价仍然存在下跌的风险，而且从执行套期保值计划的角度考虑，也不应中途平仓。

最终，经过小组投票，傅少武的平仓建议被否决，管理层决定继续保持原有头寸。而期价的变化也正如傅少武所预料的那样，由于受到国内锌冶炼产能中断消息的支持，沪锌期货 0803 合约的结算价从 1 月 29 日的 19 060 元/吨上涨至 2 月 4 日的 20 745 元/吨，涨幅达到了 1 685 元/吨。以 8 000 吨锌的头寸计算，株冶集团在期货上"少赚"了 1 000 多万元。

傅少武说："这等于是花了 1 000 多万（元）买了个套期保值案例。但在民主决策的套期保值制度框架下，我必须接受决策小组的决定。"

上海市律师协会证券期货法委员会委员余红征律师认为，即使当时株冶集团执行了傅少武的建议，也并不存在违规。只要不是以投机为目的，套期保值头寸建立和平仓的频率并不会改变套保的实际意义。尽管株冶集团和其他冶炼企业的停产公告对提高锌价有支持作用，但信息披露是上市公司的义务，这只是在客观上为公司的卖出套保创造了更好的价位。

套保更需制度护航

在获取更好的交易价位和执行套期保值计划的争论中，株冶集团的管理层选择了后者。而这一"1 000 万元的案例"也显示，对于企业的套期保值而言，制度的执行要比争取价格点位更为重要。

据介绍，有过切身教训的株冶集团，目前已逐步建立起一套较为完整的套期保值决策和风险控制体系。该集团套期保值的操作流程主要包括方案的提出、决策、执行以及执行过程中的风险控制和合规审查等方面。其中，决策主要是通过方案决策委员来完成的；方案由制定小组根据生产经营的实际情况提出，通过公司领导和各相关部门负责人组成的决策委员表决，通过的草案将形成最终的决策方案。期货操作部门的职能只有交易、结算、交割、风控、合规审查几方面。同时，根据制度的要求，从决策到执行、从执行到资金管理、从结算到交割等公司都严格要求结合现货交易的情况，为生产经营服务。

资料来源：佚名. 株冶集团 1 000 万元的套期保值［N］. 中国证券报，2008-04-23.

问题：根据上述材料分析，企业在利用套期保值规避价格风险的过程中应遵循什么原则？

分析提示：建立一套较为完整的套期保值决策和风险控制体系。

知识掌握

8.1　什么是套期保值？套期保值的原理是什么？

8.2　什么是买入套期保值？什么是卖出套期保值？

8.3　套期保值需遵循的原则是什么？

8.4　什么是基差变强？什么是基差变弱？

8.5　对于买入套期保值者来说，如何实现有盈套期保值？

8.6　对于卖出套期保值者来说，如何实现有盈套期保值？

知识应用

□ 案例分析

钢丝绳上的舞蹈：上市公司企业套保滑向投机

上市公司摩恩电气近日发布公告，透露因为参与期铜套保，造成公司较大损失。有专家在接受《证券日报》记者采访时表示，摩恩电气公告中已明确说明，亏损是对期货套保业务进行平仓累计产生的较大损失。亏损的原因大体为以下三种：一是没有严格遵守套保规则；二是交货时没有及时对冲平仓；三是套保头寸过大。

另一家上市公司罗平锌电亦披露，在近期有色金属大幅度下跌过程中，公司期货套保业务出现较大亏损，损失约 1 200 万元。

其实，这只是上市公司因套保导致了亏损的"冰山"一角，很多参与套保陷入亏损的上市公司并没有披露相关情况。

专家表示，不少上市企业对套保非常感兴趣，也在不断地付诸实施，但由于缺乏对套保的深刻认识，并受到专业期货人才缺乏、对套保体系的评价等因素的影响，很容易从套保滑向投机。

据了解，作为国内期货套保做得较好的有色金属行业，其中有不少上市公司是期货套保的"老手"，比如江西铜业，但近几年全球有色金属价格波动频繁，企业在期货套保上遇到的困惑也开始显现。

有业内人士表示，建立套保的管理体系很复杂，需要专门的人才，但这样的专业期货人才非常稀缺，加上套保各环节监管缺失，企业内部在执行套保时，很容易变为投机。当套保变为投机时，企业犹如在钢丝绳上跳舞。

上市公司套保赔的多赚的少

"套保"一词越来越多地出现在上市公司的季报、公告里，多个行业的现货企业都逐渐开始研究套保，参与套保，但结果却差强人意。在近期商品期货市场大幅波动的背景下，披露三季报的不少上市公司都在这波动荡的行情中，引发套保业务的亏损，而有的上市公司因为套保使利润下降，不过也有套保做的不错的，但总体来说居少数。

分别参与有色金属铜期货套保和锌期货套保的上市公司摩恩电气和罗平锌电近日发布公告，其内容显示两家公司套保业务出现不同程度亏损。

10月中旬，摩恩电气发布了业绩修正预告，预计今年前三季度归属于上市公司股东的净利润为300万元至900万元，比上年同期下降70%至90%，降幅远超过半年报时的预测，公司透露是因为投资期货套保造成损失。

而罗平锌电三季报中显示，该公司三季度亏损了1.7亿元，分析人士表示这主要来源于金属锌价格自7月底以来的连续下跌。而其在期货市场中所做的套保效果也差强人意，套保平仓亏损过千万元。据该公司10月10日披露，在近期有色金属价格大幅度下跌过程中，公司期货套保业务出现较大亏损，损失约1200万元。

也有的上市公司套保处于浮盈状态。据参与铜期货套保的盾安环境半年报显示，截至2011年6月30日，该公司期货合约持仓金额8664.33万元，持仓浮盈406.87万元，期货保证金1150.7万元。

分析师指出，虽然盾安环境并没有对套保情况专门作出说明，但从财务表中可以看出盾安环境的套保应该比较成功，严格遵守了套保规则，对公司经营利润没有产生较大影响。

此外，锡业股份今年9月发布公告称，公司拟开展境外期货套期保值交易，拟通过国外经纪机构和银行授予的信用额度进行操作，只有在超过一定信用额度的情况下，才追加初始保证金。公司表示，此期货套期保值业务仅限于为公司生产经营所需的期货套期保值，禁止开展任何形式的期货投机交易。

2011年1月1日至8月31日，锡业股份共进行期货套期保值交易锡锭操作243手，合计1215吨锡锭，持仓浮动盈利49.85万美元。

套保成功未必盈利，评价机制须改

理论上，按照套期保值原理，在手握现货头寸的前提下，企业应该在期货市场以相反方向持有期货头寸，以对冲掉现货市场的价格波动的风险。然而，参与期货市场的上市公司均制定了完善的套保制度，为什么很多上市公司套保仍然出现了亏损？界定套期保值成功与否的标准是什么？

专业人士表示，如果企业套保没有严格遵守套保的规则，或者是交货时没有及时对冲平仓，或者是套保头寸过大，都会导致套保业务的亏损。换言之，企业套保没有牢牢把握住"保值"这个核心，在操作中抱有"赌"的思想，从而偏向投机操作，落入盲目套保的窠臼，想赚得利润却得到亏损。

"套保转化为投机是所有套保业务的大忌，很多案例都在告诉我们这样做的危害性有多大。"该人士表示，企业需要明确套保仅是生产经营中的一个正常环节，而非专门的投资工具。不过他也表示，目前很多企业的老板由于对套保不甚了解，一味要求套保也必须盈利，这种内部的评价机制也助长了投机的氛围。因此，企业应该设置对于套保的独立评价机制，不以盈利论英雄。

实际上，企业套保业务长期以来一直处于一种内外交困的境地。有企业界人士表示，从企业内部来说，建立套期保值的管理评价体系（比较复杂）、专业期货人才的稀缺状况，都是需要解决的问题。从外部来说，现行的会计准则、对套保体系的评价以及交易制度也都对套保产生重要的影响。

在近日举办的"中国有色金属现货期货互动峰会"上，江铜集团副总经理吴育能就表示，套保的关键是保值，保值模式的选择是企业保值的核心，但现在市场上投机的思想越来越膨胀。

那么，套保成功与否的标准是什么呢？一位专门为企业设计套保方案的期货公司人士介绍说，价格是设计套保方案的根据之一。对于原材料买入者来讲，套保成功与否的标准就是，原材料买入价是否低于市场平均价，买入价比平均价越低，说明套保越成功，否则越失败；而对于产品卖出者来讲，套保成功与否的标准就是，商品卖出价是否高于市场平均价，只有高于市场平均价，才能说你的套保是成功的，若低于市场平均价，则意味着套保失败。

通过这个标准，套保并不一定能完全保证企业在任何情况下都能盈利，但对于卖方来讲只要比市场均价高，对于买方来讲比市场均价低（市场的投机者则贡献了中间价），就可以在行业中处于有利地位，因此在市场情况比较糟糕时，即使亏损也要进行套期保值交易，因为这可以最大限度减少损失，这就是套期保值的目的。

资料来源：佚名. 钢丝绳上的舞蹈：上市公司企业套保滑向投机［N］. 证券日报，2011-11-04.

问题：根据上述材料，结合所学的知识，你认为上市公司应该如何正确对待套期保值？

分析提示：套期保值的核心在于"保值"，套期保值可能会出现损失，但从长期来看，不进行套期保值风险更大。

□ 实践训练

运用套期保值来规避价格波动的风险。

要求：

①走访当地几家与铜、铝、棉花、大豆、小麦的生产和经营相关的企业。

②调查这些企业是否存在原材料及产品价格大幅波动的风险。

③如果存在这样的风险，考察可能存在的风险有多大。

④根据企业需求，为其设计一个利用套期保值来规避价格波动风险的方案。

第9章 期货投资技术分析

学习目标

在学习完本章之后，你应该能够：了解技术分析的概念和假设前提；掌握道氏理论的基本原理；熟知K线、趋势、形态、移动平均线等技术分析基本原理；了解指标分析基本原理；了解成交量和持仓量对市场的影响。

引例

世界上最出色的期货交易员：1小时盈利50%

"我曾经亲眼目睹Steve在电脑屏幕前做白糖期货交易……令人惊讶的是，每次他都在阶段性的低点持有多头，而在阶段性的高点改为空头，几乎毫无例外。他真的是一个有血有肉的人吗？我感到他要么是电脑，要么是魔鬼，一个为交易而生的魔鬼。"

Steve可能是这一代地球人当中极少数完全为交易而生的人之一。他对交易有一种天生的热情。他曾经这样总结自己的成功："对市场的敏锐判断、对技术分析的精通，以及在交易结束后多做基本分析，补足功课。如果你不做功课，那可永远不能成功。"

作为一个股票和金融衍生工具交易员，Steve并没有取得特别出色的战绩——在几百次交易中仅仅略微战胜市场而已。但是，这显然不是因为他能力不足，而是因为股票市场不符合他的交易风格。"我是纯粹的技术分析交易员，而股票市场本身带有过于严重的基本面因素，从而掩盖了我的技术分析。"他坦率地说。

所以，他很快转向商品期货交易。经过不到半年的专业训练，他已经成为农产品和有色金融领域最出色的年轻交易员之一。他曾经对自己所在投资银行的高级主管演示了自己的交易技巧：在一个小时之内连续做出37笔交易，每一笔都取得了可观的盈利，即使去除交易费用，总盈余也高达50%。"我只能用可怕来形容，我从来没有见过一个小时盈利达到50%的人，过去没有，将来也不会再有。"该投资银行交易业务主管说，"我们为Steve而骄傲"。

在Steve看来，期货交易就像小提琴独奏，既有事先的铺垫，又有高潮时的"华彩乐章"。他说："我每天的前几笔交易做得都不怎么样。在假期结束之后，我返回交易柜台的时候，往往连续几天都做得很糟糕，有时甚至持续几个星期赚不到钱。但是，在我连续工作三个星期之后，世界上没有一个交易员能够阻止我把他击败。"

每天下午2点以后，也就是期货交易的最后一个多小时，是Steve展示交易技巧的最佳时段。根据Steve所在的投资银行的内部统计，他创造的利润有75%来自这个时间段。

他喜欢喝着一杯很浓的红茶，一只手放在键盘上，一只手放在电话上，随时准备下达交易指令。"这个时候，我的交易不是特别频繁，有时候一小时只做三笔或四笔，但其中每一笔都会打败一个或几个主要对手。我可以想象到他们被拉爆仓时的表情……呵呵，每当他们被迫平仓的时候，我就有一种说不出的喜悦。"Steve 面带微笑地说。

交易结束之后，Steve 会去做什么？"噢，这个世界上除了交易之外，还有很多事情可做啊，比如音乐和美酒。"Steve 轻松地回答道，"但是我最喜欢的仍然是历史，包括金融交易的历史、商品的历史，以及其他政治军事的历史。读史使人明智，我正是从历史中获取战胜敌人的策略的。"

资料来源：作者根据中金在线 2008 年 7 月 11 日的相关资料整理。

这一案例表明：期货投资的特点决定了期货交易一般都是短期的，这与股票交易有很大的不同，从而使得技术分析在期货交易中作用更大。同时，我们也不能忽略其他方面，正如 Steve 所说的，对市场的敏锐判断、对技术分析的精通，以及在交易结束后多做基本分析是成功的关键。

9.1　技术分析概述

9.1.1　期货投资技术分析的定义和假设前提

期货投资技术分析，是以预测期货市场价格变化的未来趋势为目的，以绘制图表为主要手段对市场行为进行的研究。市场行为有三个方面的含义——价格、交易量和持仓量，它们是期货技术分析者通常能够获得的信息来源。价格是三个因素中最基本的技术分析因素，而其他两个因素主要是为了进一步确定已确认价格趋势的正确性。

技术分析有三个基本假定，即市场行为包含一切，价格以趋势方式演变，历史会重演。

"市场行为包含一切"构成了技术分析的基础。技术分析者认为，能够影响某种期货价格的任何因素——经济的、政治的、心理的或任何其他方面的，实际上都反映在其价格之中。由此可以推论，我们必须做的事情就是研究价格的变化。这个前提的实质含义其实就是价格变化必定反映供求关系，如果需求大于供给，价格必然上涨；如果供给大于需求，价格必然下跌。供求规律是所有经济预测方法的出发点。把它倒过来，那么，只要价格上涨，不论是因为什么具体的原因，需求一定超过供给，从经济基础上说必定看好；如果价格下跌，从经济基础上说必定看淡。归根结底，技术分析者不过是通过价格的变化间接地研究基本面。因此，既然影响市场价格的所有因素最终必定要通过市场价格反映出来，那么研究价格就够了。

"趋势"概念是技术分析的核心。研究价格图表的全部意义，就是要在一个趋势发生发展的早期，及时准确地把它揭示出来，从而达到顺着趋势交易的目的。事实上，技术分析在本质上就是顺应趋势，即以判定和追随既成趋势为目的。从"价格以趋势方式演变"可以自然而然地推断，对于一个既成的趋势来说，下一步常常是沿着现存趋势方向继续演变，而掉头反向的可能性要小得多。还可以说，当前趋势将一直持续到掉头反向为止。正是由于这一条，技术派投资者才花费大量心血，试图找出期货价格变动的趋势。

第三条假设是从人的心理因素方面考虑的。市场上进行具体买卖的是人，是由人决定最终的操作行为。人必然要受到心理学中某些规律的制约。一个人在某一场合，得到某种结果，那么，下一次碰到相同或相似的场合，这个人就认为会得到相同的结果。期货市场也一样，比如价格形态，它们通过一些特定的价格图表形状表现出来，而这些图形表示了人们对某市场看好或看淡的心理，当技术派投资者遇到与过去某一时间相同或相似的情况，就会自然地把过去已知的结果作为对未来作预测的参考。

9.1.2　期货投资中技术分析与基础分析的选择

技术分析主要研究市场行为，基础分析则集中考察导致价格涨落或持平的供求关系。技术分析和基础分析都试图解决同样的问题，即预测价格变动的方向，只不过二者着眼点不同。基础分析追究市场运动的前因，即从各种社会、经济因素来分析供求关系，预测价格走向。而技术分析则是研究市场运动的后果，即市场已经发生了变化，在这个变化中该采取什么样的策略。

在期货投资中，技术分析和基础分析都是不可或缺的，二者相互补充，不存在谁替代谁的问题。我们可以从基本分析入手，考察在一个相对较长时期内某种商品的供求关系，从而确定该种商品大致的价格走势。同时运用技术分析选择入市、出市时机。在股票投资中，我们一般提倡中长期投资，提倡运用基本分析方法来判断企业的投资价值，买入并持有，对入市时机的精确把握并不在意。而期货投资却稍显不同，期货市场的杠杆作用注定了时机的选择是交易成败的关键。即使投资者正确把握了大的趋势，仍然可能赔钱，因为期货交易要求的保证金很少，一般不超过 10%，哪怕价格朝不利的方向变化并不大，投资者也会损失大部分或全部本金，买入并持有策略并不适合期货投资，比如，对于买入沪铜合约的投资者来说，当保证金为 5% 时，铜价下跌 5%，则投资者失去全部本金，而5% 的价格波动对沪铜来说并不大。

9.1.3　技术分析的理论基础——道氏理论

道氏理论是技术分析的理论基础，迄今大多数广为使用的技术分析方法都起源于道氏理论。该理论的创始人是美国人查尔斯·亨利·道。为了反映市场总体趋势，他与爱德华·琼斯创立了著名的道·琼斯平均指数。他们在《华尔街日报》上发表的有关证券市场分析的文章，经后人整理，成为我们今天看到的道氏理论。

道氏理论的主要原理是：

1）平均价格可以解释和反映市场的大部分行为

这和我们前面讲述的技术分析的第一个假设前提，即"市场行为包含一切"相吻合，只不过这里用平均价格代替了前面的个别对象的价格。这个原则表明，所有可能影响供求关系的因素都可通过平均价格来表现，就连自然灾害也不例外。当然这些自然灾害事先谁都难以预料，但一旦发生，就会很快被市场通过价格变化消化吸收掉。

2）市场具有三种趋势

道氏理论认为，价格的波动尽管表现形式不同，但最终可将它们分为三种趋势：主要趋势（大趋势）、次要趋势（中趋势）和短暂趋势（小趋势）。

主要趋势是那些持续 1 年或 1 年以上的趋势，看起来像大潮。

次要趋势是那些持续 3 周至 3 个月的趋势，看起来像波浪，是对主要趋势的修正或调整，也就是说，如果主要趋势是上升趋势，那么次要趋势是对上升趋势的修正，即次要趋势呈现下跌走势；如果主要趋势是下跌趋势，那么次要趋势是对下跌趋势的修正，即次要趋势呈现上升走势，一般调整的幅度为先前主要趋势幅度的1/3或2/3。

短暂趋势持续时间不超过3周，看起来像波纹，其波动幅度更小，次要趋势通常由3个或3个以上的短暂趋势组成。

图9-1描绘了三种趋势之间的相互关系。1—2、3—4表示主要上升趋势，2—3表示主要上升趋势中的次要调整趋势，A—B、B—C则表示组成次要趋势的短暂趋势。

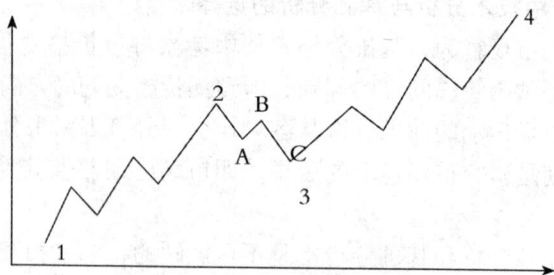

图9-1   主要趋势、次要趋势、短暂趋势示意图

3）大趋势可分为三个阶段

以上升趋势为例：

第一阶段，又称积累阶段。以熊市末尾牛市开端为例，此时所有经济方面的所谓坏消息已经最终为市场所消化，价格已跌无可跌，于是那些精明的投资者开始逐步逢低买入。

第二阶段，市场利好消息增多，绝大多数顺应趋势的投资者开始顺势买入，从而交易量放大，价格快速上扬。

第三阶段，市场上到处充斥着各种利好消息和传言，投资者争先恐后，积极入市，买卖极其活跃。在这个阶段，表面上来看，谁也不愿意卖出，其实当初在熊市底部，在谁也不愿意买的时候，逢低买入的投资者正逐步平仓。

第三阶段结束的标志是出现下降趋势，并又回到积累阶段。

4）趋势必须得到交易量的确认

道氏理论认为交易量分析是第二位的，但作为验证价格信号的旁证具有重要价值。如果大趋势向上，价格在上涨的同时，交易量应该逐步增加，而当价格下跌时，交易量应该逐步减少；如果大趋势向下，情况正好相反，当价格下跌时，交易量增加，当价格上涨时，交易量萎缩。

5）一个趋势形成后将持续，直到趋势出现明显的反转信号

这是趋势分析的基础。然而，确定趋势的反转却不太容易。对于信奉道氏理论或者趋势投资的投资者来说，有时很难判断某个情形到底是大趋势中的次要调整，还是真正的反转。关于什么样的信号才是明显的反转信号，图9-2进行了说明。

在图9-2（a）中，C点的上涨未能达到相邻的前一个高峰A点的高度，此后价格又回头跌破了前一个低谷B点的水平。在这种情形下，就存在两个依次下降的峰和两个依次下降的谷，表明当前跌破B点水平时，S点是一个明确的卖出信号。

在图9-2（b）中，这一轮上涨所达的高点C已经打破了前一个峰值A点，然后价格才滑破前一个低点B。尽管在S1点，B点价位的支撑显然已经崩溃，但信奉道氏理论的投资者并不认为这是一个良好的卖出信号，理由是这里只有依次降低的低点，却没有依次

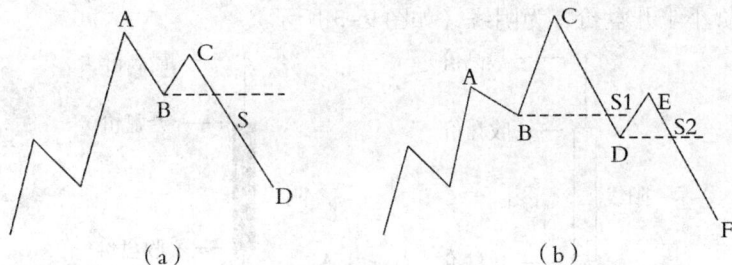

图9-2 判断趋势真正反转的示意图

降低的高点。他们认为只有价格回到 E 点而无力达到 C 点的高度，然后随之而来的下跌又低于 D 点，这时的 S2 点才是真正的卖出信号。

9.1.4 技术分析方法的种类

在价、量历史资料基础上进行的统计、数学计算、绘制图表等方法是技术分析的主要手段。技术分析方法种类繁多，形式多样。一般来说，可以将期货投资技术分析分为如下常用的几类：K 线分析、趋势分析、形态分析、移动平均线分析、指标分析、交易量和持仓量分析等。

知识链接9-1

约翰·墨菲和《期货市场技术分析》

约翰·墨菲是美国著名的期货市场技术分析专家。他因为《期货市场技术分析》的影响而两度获得美国市场技术分析师协会的年度大奖，最近一次是 2002 年。

《期货市场技术分析》系美国市场技术分析家约翰·墨菲的代表作，被誉为当代市场技术分析的圣经，本书集各种市场技术分析理论和方法之大成，总是一针见血地指出各种方法在实际应用中的长处、短处以及在各种环境条件下把它们取长补短地配合使用的具体做法，兼有优秀教材、权威工具书、实用操作指南三大特色。

《期货市场技术分析》是讲商品期货技术分析的，主要内容有技术分析的理论基础、道氏理论、图表简介、趋势的基本概念、主要反转形态、持续形态、交易量和持仓兴趣、长期图表和商品指数、移动平均线、摆动指数和相反意见、日内点数图、三点转向和优化点数图、艾略特波浪理论、时间周期等。

资料来源：约翰·墨菲. 期货市场技术分析 [M]. 丁圣元，译. 北京：地震出版社，2005.

9.2 K线分析

9.2.1 K线图的画法

K 线图起源于日本，被当时日本米市的商人用来记录米市的行情与价格波动，后因其细腻、独到的标画方式而被引入到股市及期货市场。

K 线是一条柱状的线条，由影线和实体组成。影线在实体上方的部分叫上影线，在实体下方的部分叫下影线。实体表示一日的开盘价和收盘价，上影线的上端顶点表示一日的最高价，下影线的下端顶点表示一日的最低价。

根据开盘价和收盘价的关系，K 线又分为阳线和阴线两种。收盘价大于等于开盘价，为阳线；收盘价小于开盘价，为阴线（如图9-3所示）。

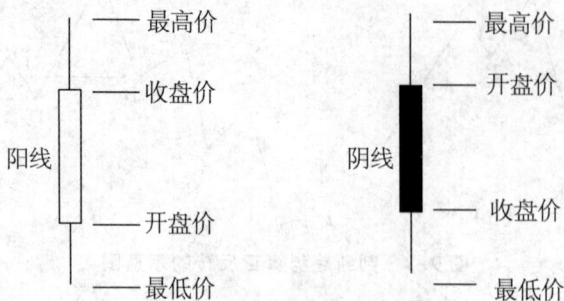

图9-3　阳线、阴线示意图

一根K线记录一天的价格变动情况。将某一期间每天的K线按时间顺序排列在一起，就可以反映一段时间内的价格变动情况，这就叫日K线图。

除了日K线外，还可以画不同时间周期的K线，如5分钟K线、15分钟K线、30分钟K线、60分钟K线、周K线、月K线、季K线、年K线等。这些K线的画法同日K线的画法几乎完全一样，区别只在四个价格时间参数的选择上。例如，30分钟K线选择的四个价格分别为某个30分钟时间段内的开盘价、收盘价、最高价和最低价。

9.2.2　K线的主要形状和含义

根据四个价格的不同取值，一般K线可以画出如图9-4所示的几种K线形状。

图9-4　几种常见的阳线、阴线示意图

下面按图9-4的顺序分别介绍上述几种K线。

①光头光脚阳线，即开盘价等于最低价，收盘价等于最高价。

②光头阳线，即收盘价等于最高价。

③光脚阳线，即开盘价等于最低价。

④光头光脚阴线，即开盘价等于最高价，收盘价等于最低价。

⑤光头阴线，即开盘价等于最高价。

⑥光脚阴线，即收盘价等于最低价。

⑦十字形，即开盘价等于收盘价。

⑧T字形，即开盘价、收盘价、最高价相等。

⑨倒T字形，即开盘价、收盘价、最低价相等。

⑩一字形，即开盘价、收盘价、最高价、最低价四个价格相等。在存在涨跌停板制度时，若一开盘期货价格就达到涨跌停板价格，且在交易时间内没有打开，就会出现这种形态的K线。

9.2.3　单根K线的应用

应用单根K线来判断行情，主要从K线是阴线还是阳线，K线实体的大小，上、下影线长短等来综合判断。这里仅就几种具有典型意义的单根 K 线进行分析。

1）实体较大的阳线或阴线

实体较大的阳线一般也称为大阳线，实体较大的阴线一般也称为大阴线。所谓实体较大，是指开盘价和收盘价的价格相差较大。

大阳线表明涨势强烈，多方占有绝对优势。这种 K 线如果出现在波段的低点或者上涨趋势的中部，就是买入信号；如果出现在波段的高点，则是反转的信号，预示未来期货价格可能会下跌，可以卖出（如图9-5所示）。

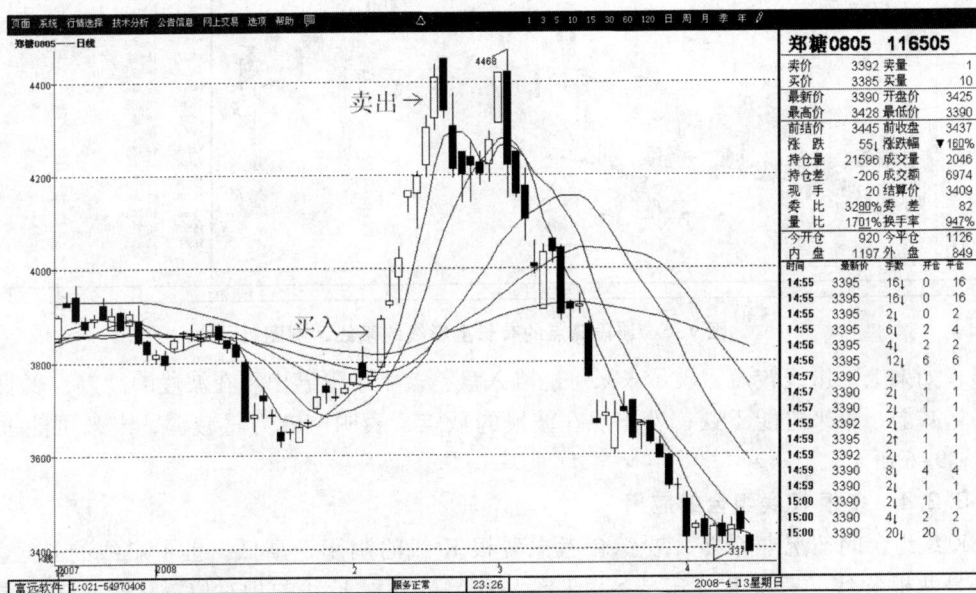

图9-5　波段低点的大阳线示例图

大阴线表明跌幅巨大，空方占有绝对优势。这种 K 线如果出现在波段的高点或者下跌趋势的中部，就是卖出信号；如果出现在波段的低点，则是反转的信号，预示未来期货价格可能会上涨，可以买入。

2）有上影线的阳线和阴线

有上影线的阳线表明市场呈多头格局，但上涨卖压沉重，未来可能下跌。若在波段的高点出现一根有长上影线的阳线，则是较明确的反转下跌信号（如图9-6所示）；若在波段的低点出现，表明多方试图上攻，未来可能反弹，可买入。

有上影线的阴线表明空方强势，上涨卖压沉重，未来可能下跌，若在波段的高点出现，是较明确的下跌信号。

3）有下影线的阳线和阴线

有下影线的阳线表明虽然遭到空方打压，价格一度下跌，但最终多方大获全胜。如在盘整期或长期跌势后，出现这种 K 线，可能为上涨前兆，且下影线越长，反弹力度越强。

有下影线的阴线表明价格呈现抵抗下跌之势，若在波段的低点出现这种 K 线，可能为反弹前兆，若在上涨的高点出现，有可能转向盘整或下跌。

4）十字形

十字形表明多空势均力敌。如果上下影线长，表明多空双方对抗激烈，未来走势可能

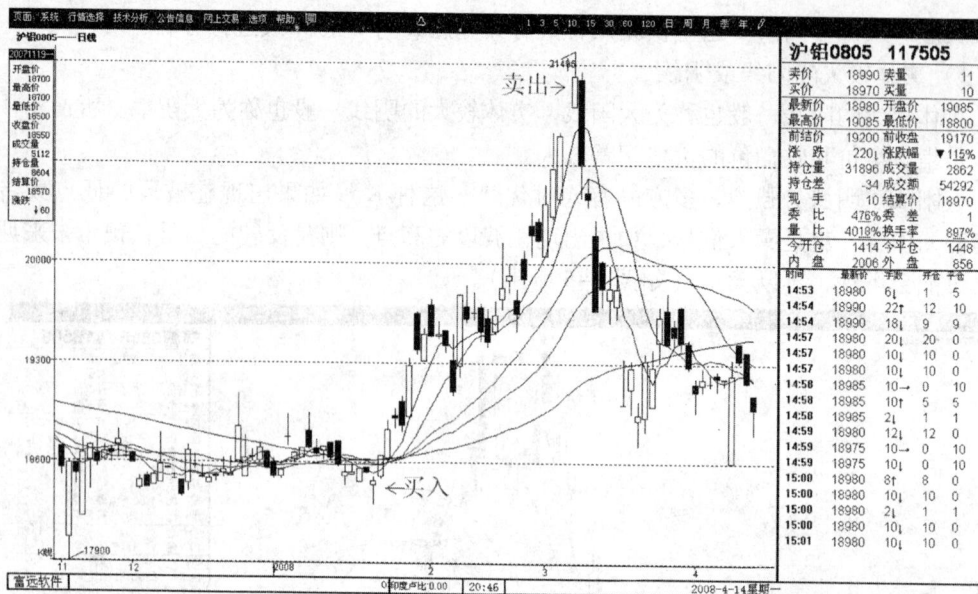

图9-6　波段高点的有长上影线的阳线示例图

反转；如果上下影线较短，表示未来可能陷入盘整。十字形若出现在波段的高点，表明多
方力量减弱，未来可能下跌；若出现在波段的低点，表明空方力量减弱，未来可能上涨
（如图9-6所示）。

9.2.4　多根K线组合的应用

K线组合的情况非常多，要综合考虑各根K线的阴阳、高低、上下影线的长短等。
无论是两根K线、三根K线还是多根K线，都是以各根K线的相对位置和阴阳来推测行
情的，即将上一交易日的K线画出，然后将这根K线按数字划分为五个区域（如图9-7
所示）。

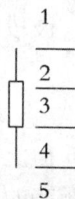

图9-7　K线区域划分示意图

对于两根K线组合来说，第二天的K线是进行行情判断的关键。第二天多空双方争
斗的区域越高，越有利于上涨；多空双方争斗的区域越低，越有利于下跌。也就是说，从
区域1到区域5是多方力量减弱、空方力量增强的过程。

对于两根以上K线组合来说，判断的原理同两根K线组合相同，都是由最后一根K
线相对于前面K线的位置来判断多空双方的实力大小。一般来说，K线越多的组合，其
反映的信息越多，因而根据其得出的结论越可靠。

下面介绍两种常见的多根K线组合的应用。

1）连续两根阳线或连续两根阴线

连续两根阳线，且第二根阳线实体在第一根阳线实体之上，表明多头取得决定性胜

利，未来市场上涨的可能性较大；而连续两根阴线，且第二根阴线实体在第一根阴线实体之下（如图 9-8 所示），则表明空头取得绝对优势，未来下跌的可能性较大。

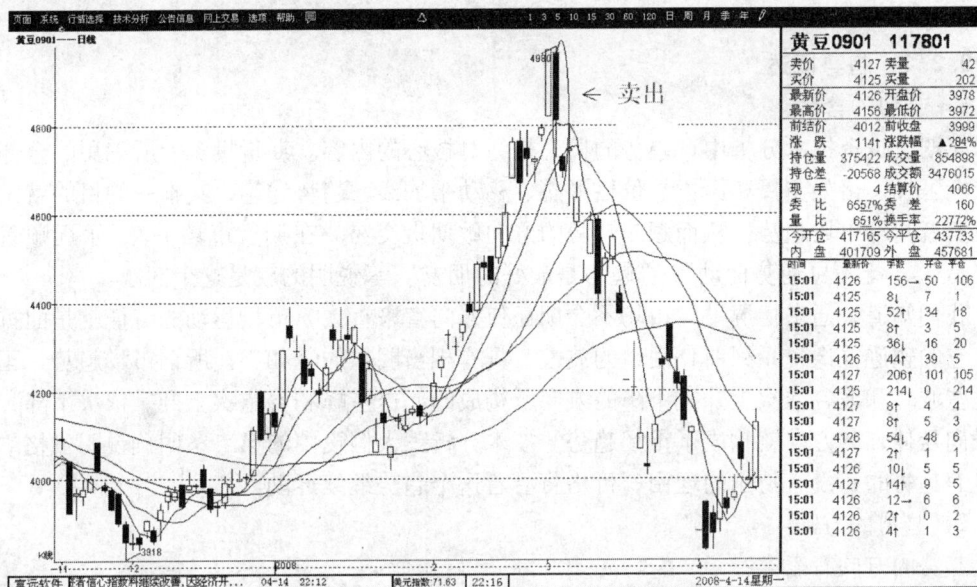

图 9-8 波段高点连续两根阴线示例图

2）两根阳线夹一根阴线或两根阴线夹一根阳线

两根阳线夹一根阴线，如果第三根阳线的位置超越了前两根 K 线（如图 9-9 所示），则表明市场做多情绪浓厚，未来看涨；对于两根阴线夹一根阳线来说，如果第三根阴线的位置低于前两根 K 线，表明市场空头气氛形成，未来看跌。

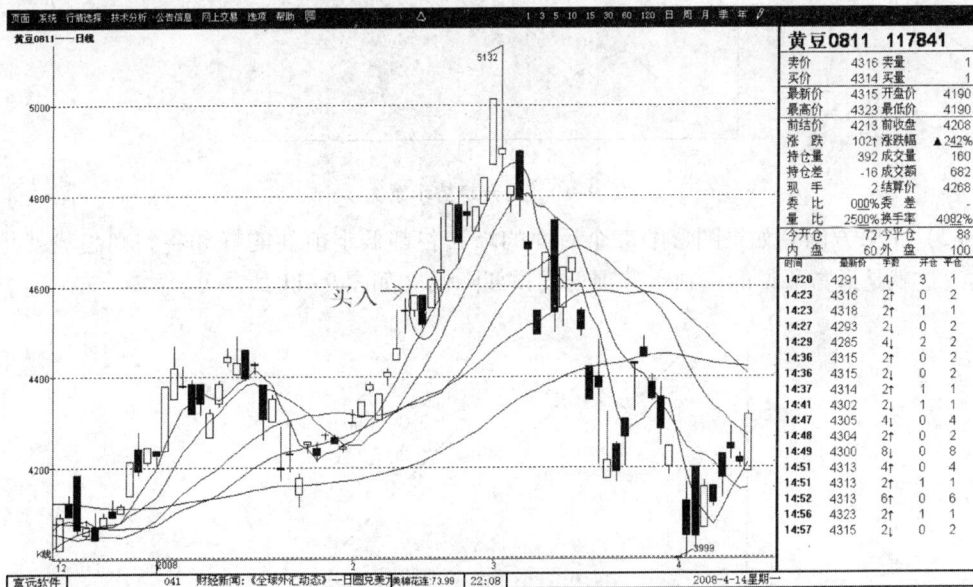

图 9-9 上升途中的两阳夹一阴示例图

9.3 趋势分析

9.3.1 趋势概述

1）趋势的含义

在期货投资技术分析中，趋势的概念是绝对核心的内容。期货投资者所采用的全部技术分析工具，诸如支撑和压力、价格形态、移动平均线、趋势线等，其唯一的目的就是辅助投资者判断市场趋势，从而顺应趋势的方向做期货交易。在期货市场上，"永远顺着趋势交易"、"绝不可逆势而动"、"趋势是最好的朋友"等说明的就是这个问题。

我们知道，通常情况下，市场不会朝任何方向直来直去，市场运动的特征就是曲折蜿蜒，它的轨迹很像一系列前仆后继的波浪，具有相当明显的峰和谷。所谓市场趋势，正是由这些波峰和波谷依次上升或下降的方向所构成的。这些峰和谷依次上升、依次下降，或者横向延伸，其方向就构成了市场趋势。技术分析三大假设中的第二条明确说明价格的变化是有趋势的，没有特别的理由，价格将沿着这个趋势继续运动。

2）趋势的方向

趋势的方向有三类：

（1）上升方向。如果图形中每个后面的峰和谷都高于前面的峰和谷，则趋势就是上升的。这就是通常所说的一底比一底高或底部抬高（如图 9-10 所示）。

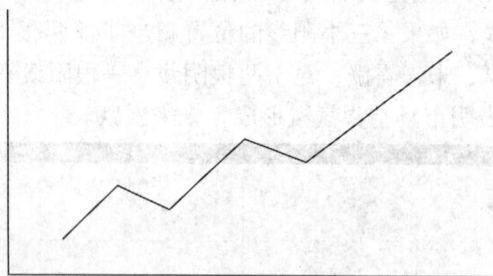

图 9-10 上升趋势示意图

（2）下降方向。如果图形中每个后面的峰和谷都低于前面的峰和谷，则趋势就是下降的。这就是通常所说的一顶比一顶低或顶部降低（如图 9-11 所示）。

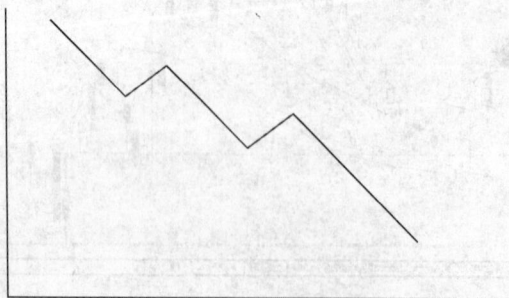

图 9-11 下降趋势示意图

（3）水平方向。如果图形中后面的峰和谷与前面的峰和谷相比，没有明显的高低之分，几乎呈水平延伸，这时的趋势就是水平的，或者称为无趋势（如图 9-12 所示）。

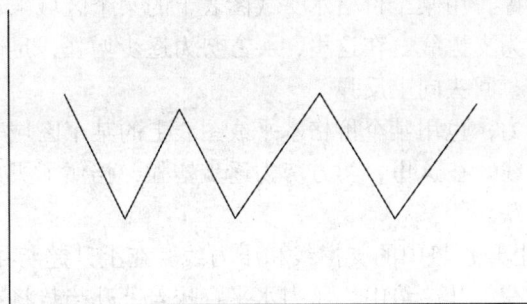

图 9-12　无趋势示意图

期货投资分析中所运用的各种技术方法，本质上都是顺应趋势的，各种技术分析方法的主要意图在于追随上升或下降的市场，因此当市场进入无趋势阶段时，技术分析方法通常表现不佳，甚至根本不起作用。

所以，对于顺应趋势的技术分析来说，首先必须有趋势可循，然后才能发挥作用。我们知道，期货投资者在进行市场操作时有三种选择：看涨策略，即先买后卖；看跌策略，即先卖后买；离场观望。因此，只有在确定市场呈上升趋势时，才能采用看涨策略；在市场呈下跌趋势时，才能采用看跌策略；而在市场呈现无趋势状态时，只能离场观望，不进行任何操作是最明智的选择。

3）趋势的类型

趋势不但具有三个方向，而且还可以划分为三种类型，这三种类型就是主要趋势、次要趋势、短暂趋势，前面已经介绍过了。在实际的期货市场上，从覆盖几分钟或几小时的非常短暂的趋势开始，到延续 50 年甚至 100 年的极长趋势为止，随时都有无数个大大小小的趋势同时并存、共同作用。

那对于期货投资来说，每一种趋势的延续时间多长为最佳呢？

我们知道，在道氏理论中，主要趋势是针对长于一年的时间而言的，但是期货投资者所操作的时间一般而言比股票投资者要短，所以在期货市场上，可以认为长于 6 个月便是主要趋势。道氏理论把次要趋势定义为延续 3 个星期到数月的时间跨度，这在期货市场上也大致合适。至于短期趋势，时间跨度短于 2~3 个星期较为适当。

在实际的期货投资中，投资者可根据个人的投资风格来确定每种趋势的时间跨度。例如对于长线投资者来说，几天乃至几个星期的价格变化无关紧要，而对于当日投资者来说，持续两三天的上升便构成一个主要的上升趋势了。

一般来说，在期货市场上，大多数顺应趋势方法的焦点实际上是中期趋势，即可能延续数月的时间跨度，短暂趋势主要用来选择出入市的时机。在中等的上升趋势中，短暂的回落可以用来逢低吸纳，建立多头头寸；在中等下跌趋势中，短暂的上升可以用来逢高卖出，建立空头头寸。

9.3.2　支撑线和压力线

1）支撑线和压力线的含义

在前面关于趋势的讨论中，我们知道价格运动是由一系列波峰和波谷构成的，它们依次升降的方向决定了市场趋势。

我们把波谷称为支撑，用某个价格水平或图表上的某个区域来表示，习惯上我们把这个价格水平或者区域称为支撑线。在这里，买方势力逐步增强，足以抗拒卖方的压力，结果价格在这里停止下跌，回头向上反弹。

我们把波峰称为压力，也用某个价格水平或图表上的某个区域来表示，相对应的价格水平或者区域称为压力线。在这里，卖方势力逐步增强，挡住了买方的进攻，结果价格在这里停止上升，掉头下跌。

图 9-13 表示出了上升趋势中的支撑线和压力线。在上升趋势中，支撑线和压力线呈现出逐步抬高的趋势。在上升趋势中，压力水平意味着上升趋势将在此处稍作休息，但此后它迟早会被向上穿越。而如果下一次未被穿越，这时就要引起警觉，若此后的期货价格又向下突破这个上升趋势的支撑线，通常意味着该轮上升趋势已经结束，下一步的走向是下跌。

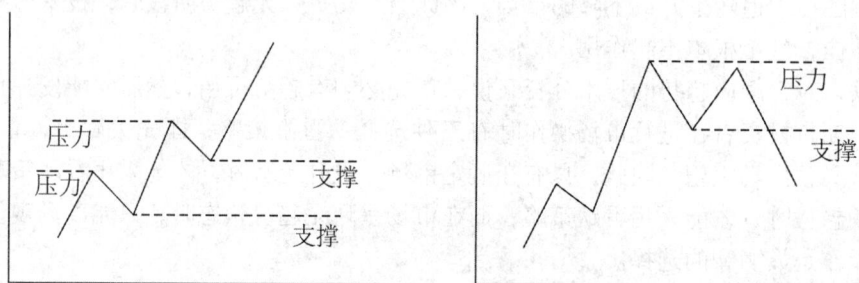

图 9-13　上升趋势中的支撑线、压力线示意图

图 9-14 表示出了下降趋势中的支撑线和压力线。在下降趋势中，支撑线和压力线呈现出逐步降低的趋势。在下降趋势中，支撑线意味着下跌趋势将在此处稍作休息，但此后它迟早会被向下跌破。而如果下一次未被跌破，这时就要引起警觉，若此后的期货价格又向上突破这个下降趋势的压力线，通常意味着该轮下降趋势已经结束，下一步的走向是上涨。

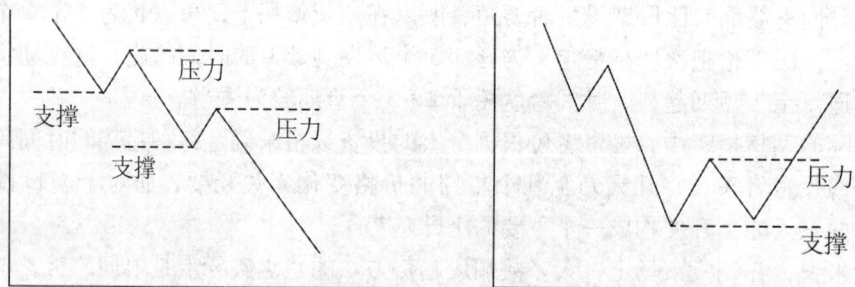

图 9-14　下降趋势中的支撑线、压力线示意图

2）支撑线和压力线可以相互转化

在前面的论述中，我们一直把波谷定义为支撑，而把波峰定义为压力。实际上，情况并不总是如此，只要支撑线和压力线被足够大的价格变化切实击破了，它们就会互换角色，也就是说，压力线变成了支撑线，相应地，支撑线变成了压力线（如图 9-15 所示）。

我们不妨从投资心理学的角度来说明这个问题。

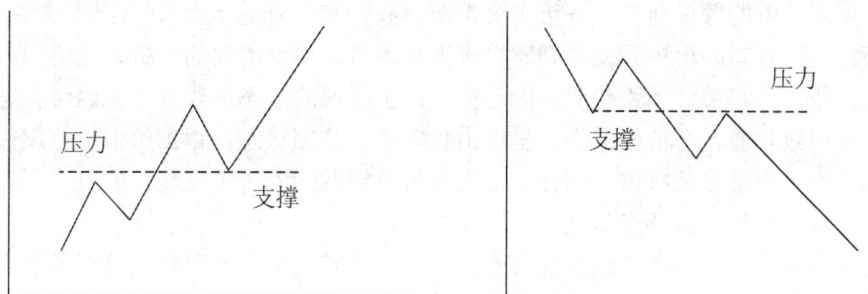

图 9-15　支撑线、压力线相互转化示意图

我们习惯上把期货市场的投资者分为三类：多头、空头和观望者。多头为买进期货合约的投资者，空头为卖出期货合约的投资者，观望者或者是已平仓出局者，或者是尚在买和卖之间犹豫不决者。

我们假定市场在突破压力区域之后开始向上移动，在此区域买入合约的多头认为自己做对了，并对自己买入数量不足而耿耿于怀，如果市场再回落至该区域附近，他们倾向于再增加多头头寸。

在该区域卖出合约的空头也意识到自己做错了，随着市场的上涨，他们的亏损在增加，一旦市场回落至当初他们卖出的区域，空头则倾向于赶紧买入平仓脱身。

对于在该区域把手中的多头头寸卖出平仓的出局者，当然追悔莫及，于是他们指望再有机会在接近他们卖出的地方把那些多头头寸补回来。

对于那些犹豫不决的观望者，他们现在终于认识到价格将进一步上涨，因此下定决心在下一个买入的好时机进场。所有的四种人都决意在下一轮下跌中买进，那么，当市场回落至前面的压力区域时，上述几类投资者的买进自然会把价格推上去，此时的压力线转化为支撑线。

现在我们反过来，设想市场不是上升，而是下跌。在上升趋势中，市场参与者对每次下跌的反应是更多地买进。然而，如果价格开始下跌，且跌破了前一个支撑区域，情况便恰恰相反。所有在支撑区域买进的人现在都意识到他们错了，更糟糕的是他们的经纪人开始发疯地催促他们追加保证金，他们要么补足保证金，要么平仓卖出多头头寸。

原本造就支撑区域的，是因为有众多的买入者，而现在所有的买入者都转化为卖出者，原来的支撑线变成了压力线。

在上升趋势中，每当市场向上试探前一个峰值阻挡的时候，这个上升趋势便处于极为关键的时刻，下降趋势也一样。一旦在上升趋势中，市场不能越过前一个高点，或者在下降趋势中市场无力跌破前一个低谷支撑，便发出了现行趋势即将转变的警告信号。

9.4　形态分析

9.4.1　形态分析概述

所谓形态，指的是在一段时期内，期货价格走势所呈现出的图案或花样。形态分析就是根据这样的价格形态来判断未来市场的走势。

市场运行到一定阶段，通常会形成一些价格走势形态，这些形态在历史上都曾经出现过，根据技术分析的假设前提——历史会重演。我们可以通过当历史上出现这些形态时，随后市场的运行方向的历史经验来判断未来市场趋势。根据前面的分析，我们知道市场趋势有三种，即上升趋势、下跌趋势、无趋势。这里所说的形态一般处于无趋势状态，即多空双方力量大致均衡，在价格形态上呈现出胶着或者拉锯状态。根据价格运行规律，这种平衡是相对的，迟早会被打破。因此，形态分析所要做的就是依据现在的价格形态来判断当这种平衡被打破时，市场走势是上升还是下跌。

形态分为两类，一类是持续整理形态，一类是反转突破形态。持续整理形态就是出现这种价格形态后，市场将继续沿着原有的方向运行。比如原有的方向是上升，在出现持续整理形态后，随后的市场走势还是上升；相应地，原有的方向是下跌，随后的市场走势是进一步下跌。而反转突破形态则指当出现这种价格形态后，随后的市场运行方向和原有的方向相反。比如原有的方向是上升，在出现反转突破形态后，随后的市场走势转为下跌；相应地，原有的方向是下跌，随后的市场走势转为上升。

反转突破形态主要包括头肩顶（底）形态、双重顶（底）形态、圆弧顶（底）形态、喇叭形态以及 V 型和伸延 V 型反转形态等。

持续整理形态主要包括三角形整理形态、矩形整理形态、旗形整理形态和锲形整理形态等。

9.4.2 反转突破形态

1）头肩顶（底）形态

头肩形态是最著名、最可靠的反转突破形态。头肩顶形态如图 9-16 所示。

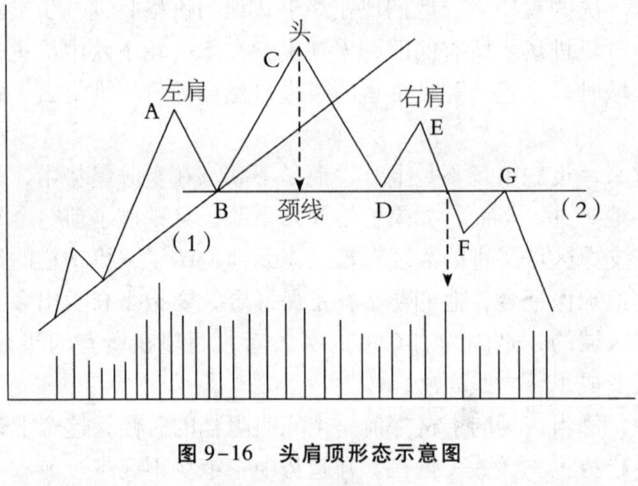

图 9-16   头肩顶形态示意图

从图 9-16 中我们可以看到，头肩顶形态包括左肩、头、右肩三个部分。

左肩部分，持续一段上升的时间，成交量很大，过去在任何时间买进的人都有利可图，于是开始获利沽出，令价格出现短期的回落，成交量较上升到其顶点时有显著的减少。

头部，价格经过短暂的回落后，又有一次强力的上升，成交量亦随之增加。不过，成交量的最高点较之于左肩部分，明显减退。价格升破上次的高点后再一次回落，成交量在回落期间亦同样减少。

　　右肩部分，价格下跌到接近上次的回落低点又再获得支持回升，可是，市场投资的情绪显著减弱，成交较左肩和头部明显减少，价格没法抵达头部的高点便告回落，于是形成右肩部分。

　　简单来说，头肩顶形态呈现三个明显的高峰，其中位于中间的一个高峰较其他两个高峰的高点略高。至于成交量方面，则出现梯级型的下降。

　　头肩顶形态的市场解释如下：开始，看好的力量不断推动价格上升，市场投资情绪高涨，出现大量成交，经过一次短期的回落调整后，那些错过上次升势的人在调整期间买进，价格继续上升，而且越过上次的高点，表面看来市场仍然健康和乐观，但成交量已大不如前，反映出买方的力量在减弱中。那些对前景没有信心和错过了上次高点获利回吐的人，或是在回落低点买进作短线投机的人纷纷沽出，于是价格再次回落。第三次的上升，为那些后知后觉错过了上次上升机会的投资者提供了机会，但价格无力超越上次的高点，而成交量进一步下降时，差不多可以肯定过去看好的乐观情绪已完全扭转过来。未来的市场将是疲弱无力的，一次大幅的下跌即将来临。

　　实践中，期货投资者如何判断头肩顶形态已经形成，市场走势即将呈下降趋势，从而平仓多头头寸，建立空头头寸呢？通过左肩底（B）和头部底（D），我们可以作出一条较为平缓的趋势线，称为颈线。在顶部，颈线一般轻微上斜（有时可能水平，或者在更少数情况下略微向下倾斜）。头肩顶成立的决定性因素是，收市价明确地突破到颈线之下，可以采用突破的幅度达到3%以上，或者连续两天的收市价在颈线以下。在这种情况下，市场终于突破了由底点 B 和 D 构成的趋势线，并跌破 D 点的支撑，从而完全满足了新趋势产生的前提条件——依次下降的峰和谷。于是，从依次下降的峰和谷点 C、D、E、F 上，我们可以确定新一轮的下跌趋势，最小跌幅应等于头（C）到颈线的垂直距离。

　　头肩底形态如图 9-17 所示。

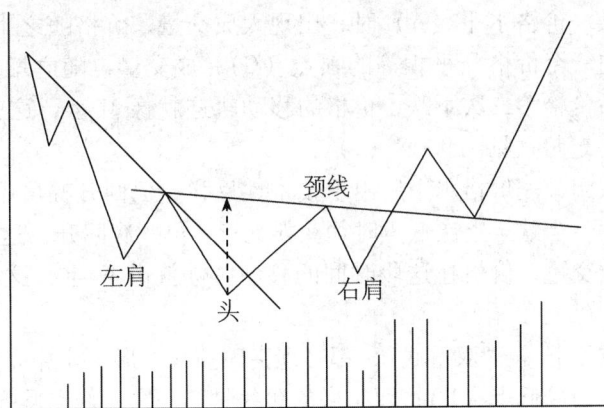

图 9-17　头肩底形态示意图

　　头肩底形态和头肩顶形态一样，只是倒转过来而已，又称"倒转头肩式"。形成左肩时，价格下跌，成交量相对增加，接着为一次成交量较少的次级上升，然后价格又下跌且跌破上次的最低点，成交量再次随着价格下跌而增加，较左肩反弹阶段时的交投为多——形成头部；从头部最低点回升时，成交量有可能增加。

　　当期货价格回升到上次的反弹高点时，出现第三次的回落，这时的成交量很明显少于左肩和头部，价格跌至左肩的水平，跌势便稳定下来，形成右肩。

最后，价格正式策动一次升势，且伴随着成交大量增加，当其颈线阻力被冲破时，成交更显著上升，整个形态便告成立。

当头肩底颈线被突破时，就是一个真正的买入信号，虽然价格和最低点比较，已上升一定幅度，但升势只是刚刚开始，尚未买入的投资者应该继续追入，其最少升幅是从头部到颈线的垂直距离。

另外，当颈线阻力被突破时，必须要有成交量激增的配合，否则这可能是一个错误的突破。不过，如果在突破后成交量逐渐增加，形态也可确认。同时，在升破颈线后可能会出现暂时性的回跌，但回跌不应低于颈线。如果回跌低于颈线，又或价格在颈线水平回落，没法突破颈线阻力，甚至比顶部还低，这可能是一个失败的头肩底形态。

2）双重顶（底）形态

双重顶、双重底形态如图9-18所示。

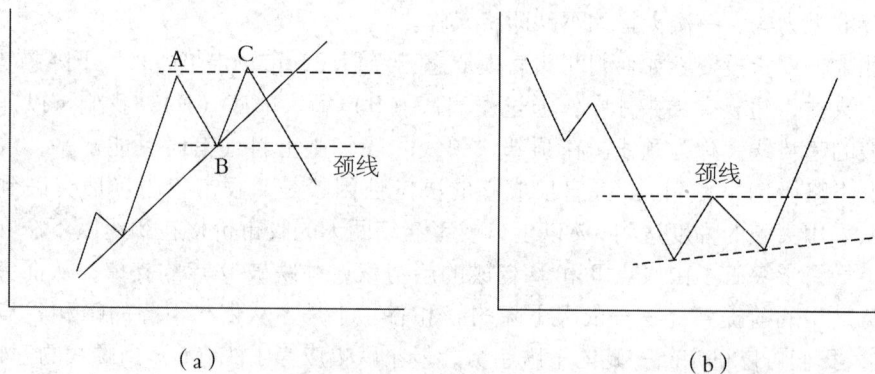

（a）　　　　　　　　　　（b）

图9-18　双重顶、双重底形态示意图

当市场上升到某一价格水平（A）时，出现大成交量，价格随之下跌，成交量减少。接着价格又升至与前一个价格几乎相等的顶点（C），成交量再随之增加却不能达到上一个高峰的水平，之后价格第二次下跌，价格的移动轨迹就像M字，这就是双重顶（也称"双头"），又称M头走势，见图9-18（a）。

当市场持续下跌到某一价格水平后出现技术性反弹，但回升幅度不大，时间也不长，然后期货价格又下跌，当跌至上次低点时却获得支持，再一次回升，这次回升时成交量要大于前次反弹时的成交量，价格在这段时间的移动轨迹就像W字，这就是双重底，又称W走势，见图9-18（b）。

无论是"双重顶"还是"双重底"，都必须突破颈线，形态才算完成。双重顶的颈线是第一次从高峰回落的最低点（B）；双重底的颈线是第一次从低点反弹的最高点。

以双重顶为例，其市场含义为：市场持续上升为多头带来了丰厚的利润，于是他们平仓卖出，这一股沽售力量令上升的行情转为下跌。当价格回落到某水平时，吸引了短期多头投资者，另外早前沽出获利者也可能在此水平再次买入补回，于是行情开始回复上升。与此同时，对市场信心不足的投资者会因觉得错了在第一次高点出货的机会而选择在此时出货，加上在低水平获利回补的投资者亦同样在此水平再度卖出，强大的沽售压力令价格再次下跌。由于高点两次都受阻而回，令投资者感到价格没法再继续上升，假如愈来愈多的投资者沽出，令价格跌破上次回落的低点（即颈线），那么整个双头形态便告形成。

　　双头或双底形态是一个转向形态。当出现双头时，即表示市场的升势已经终结；当出现双底时，即表示跌势告一段落。双头颈线被跌破，就是一个可靠的多头平仓和空头建仓信号；而双底的颈线被冲破，则是一个多头建仓和空头平仓的讯号。双头最小跌幅的量度方法，是由颈线开始计起，至少会再下跌从双头最高点至颈线的距离。双底最小涨幅的量度方法也一样，即双底之最低点和颈线之间的距离。

　　3）V 型和伸延 V 型反转形态

　　V 型和倒转 V 型如图 9-19 所示。

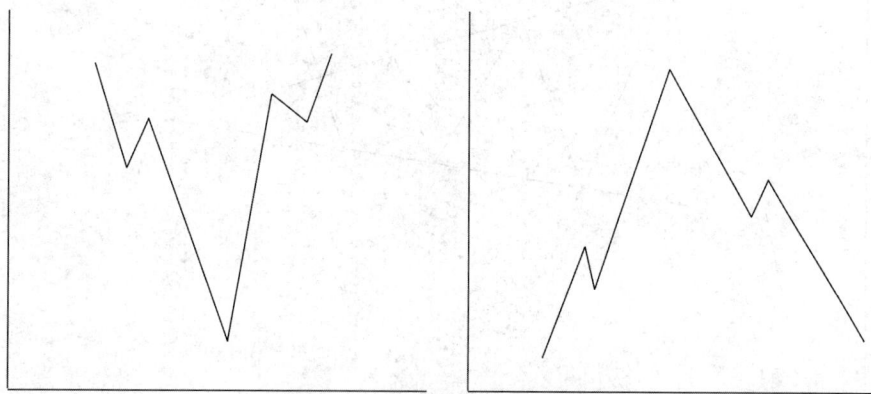

图 9-19　V 型、倒转 V 型走势示意图

　　V 型走势可分为三个部分：①下跌阶段。通常 V 型的左方跌势十分陡峭，而且会持续一段较短时间。②转势点。V 型的底部十分尖锐，一般来说转势点仅包含两三个交易日，且成交量明显增多。③回升阶段。此阶段期货价格从低点回升，成交量亦随之增加。

　　伸延 V 型走势是 V 型走势的变形，即在形成 V 型走势期间，其中上升（或是下跌）阶段呈现变异，价格有一部分出现横向发展的成交区域，其后市场打破该徘徊区，继续完成整个形态。

　　倒转 V 型和倒转伸延 V 型的形态特征与 V 型走势刚好相反。

　　V 型走势的市场含义为：由于市场中卖方的力量很大，令价格稳定而又持续地挫落，当这股沽售力量消失之后，买方的力量完全控制整个市场，使得价格出现戏剧性的回升，几乎以与下跌时同样的速度收复所有失地，因此在图表上形成一个像 V 字一样的移动轨迹。倒转 V 型情形则刚好相反，看好的情绪使得市场节节攀升，可是突如其来的打击扭转了整个趋势，价格以与上升时同样的速度下跌，形成一个倒转 V 形的移动轨迹。

　　V 型走势是个转向形态，显示过去的趋势已逆转过来。V 型走势在转势点必须有明显成交量配合。市场在突破伸延 V 型的徘徊区顶部时，必须有成交量增加的配合，在跌破倒转伸延 V 型的徘徊区底部时，则不需要成交量增加。

9.4.3　持续整理形态

1）对称三角形整理形态

对称三角形整理形态由一系列的价格变动所组成，其变动幅度逐渐缩小，也就是说，每次变动的最高价低于前次的水准，而最低价比前次的水准高，呈一压缩图形，把短期高点和低点分别以直线连接起来，就可以形成对称的三角形（如图9-20所示）。对称三角形中成交量因愈来愈小幅的价格变动而递减，然后当价格突然跳出三角形时，成交量随之变大。

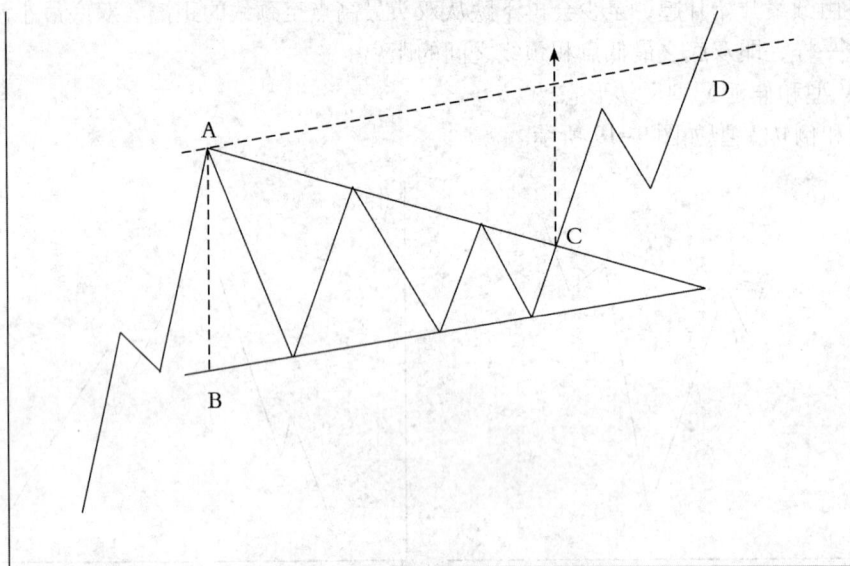

图9-20　对称三角形整理形态示意图

出现对称三角形是因为买卖双方的力量在该段价格区域内势均力敌，暂时达到平衡状态。价格从第一个短期性高点回落，但很快便被买方所消化，推动价格回升；但购买的力量对后市没有太大的信心，又或是对前景感到有点犹疑，因此价格未能回升至上次高点已经掉头，再一次下跌。在下跌的阶段中，那些沽售的投资者不愿意太低价贱售或对前景仍抱有希望，所以回落的压力不强，价格未跌到上次的低点便已告回升，买卖双方的观望性争持使期货价格的上下小波动日渐缩窄，形成了此形态。

成交量在对称三角形形成的过程中不断减少，正反映出多空力量对后市犹疑不决的观望态度，使得市场暂时沉寂。

一般情况下，对称三角形属于整理形态，即市场会继续按原来的趋势移动。只有在价格朝其中一方明显突破后，才可以采取相应的买卖行动。如果价格往上冲破阻力（必须得到大成交量的配合），就是一个短期买入信号；反之，若是往下跌破（在低成交量之下跌破），便是一个短期沽出讯号。

对称三角形的价格目标有两种测算方法：第一，先量出底边（AB）的高度，然后从突破点（C）起，投射出与这个高度相等的垂直距离。第二，从底边的上端点（A）引出一条平行于三角形下边线的平行线（AD），价格至少会达到其与平行线的相交点（D）。

2）上升三角形整理形态和下降三角形整理形态

在某价格水平呈现出强大的卖压时，市场从低点回升到该水平便告回落，但市场的购买力十分强大，使得未回到上次低点即告弹升，这种情形使价格随着一条阻力线波动并日渐收窄。我们若把每一个短期波动高点连接起来，可画出一条水平阻力线；而把每一个短期波动低点相连则可画出另一条向上倾斜的线，这就是上升三角形（如图 9-21 所示）。成交量在形态形成的过程中不断减少。

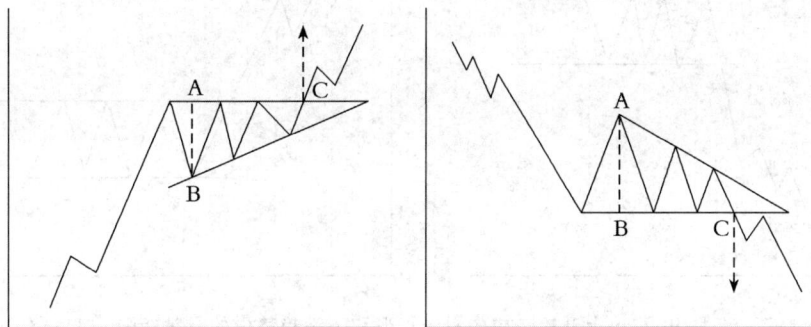

图 9-21　上升三角形整理形态和下降三角形整理形态示意图

下降三角形与上升三角形恰好相反，市场在某特定的价格水平出现稳定的购买力，因此市场每回落至该水平便告回升，形成一条水平的需求线。可是市场的沽售力量却不断加强，期货价格每一次波动的高点都较前一次低，于是形成一条向下倾斜的供给。成交量在完成整个形态的过程中一直十分低迷。

上升三角形显示空头并不急于行动，而是等价格每次上升到理想的水平才卖出。同时，多头的力量不断加强，他们不待价格回落到上次低点，便迫不及待地购进。下降三角形同样是多空双方在某价格区域内的较量表现，然而多空力量却与上升三角形显示的情形相反，空头不断增强沽售压力，价格还没回升到上次高点便再沽出，而多头也不急于买进，等价格回落至某一水平时再行动。

上升三角形在价格上升过程中出现，下降三角形则在价格下降过程中出现。对于上升三角形来说，当价格决定性地突破上边线（AC）后，该形态就成立了。突破发生时，交易量应有显著的增加。突破后，这条上边线将在以后的价格下跌中起到支撑的作用。其最小价格目标的测算是：先测出三角形的高度（AB），然后从突破点（C）起，向上投射出相等的垂直距离。对于下降三角形来说，当收市价格决定性地跌破下侧水平线（BC）后，该看跌形态完成。其最小价格目标的测算方法是：自突破点（C）起，向下投射三角形的高度（AB）。

3）矩形整理形态

矩形整理形态是一连串价格在两条水平的上下界线之间变动（如图 9-22 所示）。价格上升到某水平时遇到阻力，掉头回落，但很快便获得支撑而回升，可是回升到与上次同一高点时再一次受阻，跌落到上次低点时则再得到支撑，把这些短期高点和低点分别以直线连接起来，便可以绘出一条通道，这条通道既非上倾，亦非下降，而是水平发展，这就是矩形形态。

矩形形态显示，多空双方的力量在该范围内完全达到均衡状态。多方认为现在逢低买入是正确的，于是价格每回落到某价格水平即买入，形成了一条水平的需求线。与此同时，空头的看法正好相反，认为逢高卖出是明智的，于是价格一回升至某价位水平即沽售，形成一条平行的供给线。从另一个角度分析，矩形形态也可能是投资者因后市发展不明朗，投资态度变得迷惘和不知所措而造成的。所以，当市场回升时，一批对后市缺乏信

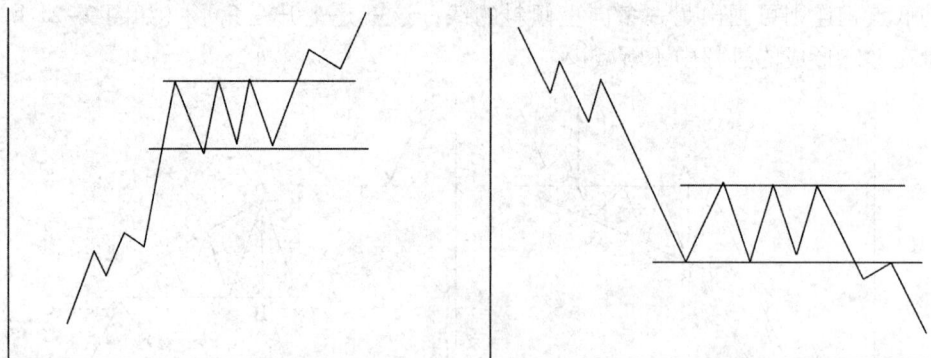

图9-22　上升趋势中的看涨矩形和下跌趋势中的看跌矩形

心的投资者退出；而当市场回落时，一批憧憬着未来的投资者加进，由于双方实力差不多，于是价格就来回在这一区域内波动。

对于上升趋势中的看涨矩形来说，价格突破矩形的上限后发出买入信号；对于下跌趋势中的看跌矩形来说，价格跌破矩形的下限后发出卖出信号。突破后的涨跌幅度通常等于矩形本身的宽度。

4）旗形整理形态

旗形走势的形态就像一面挂在旗杆顶上的旗帜，该形态通常在急速又又大幅的市场波动中出现。旗形分为两类，即上升旗形（如图9-23所示）和下降旗形。

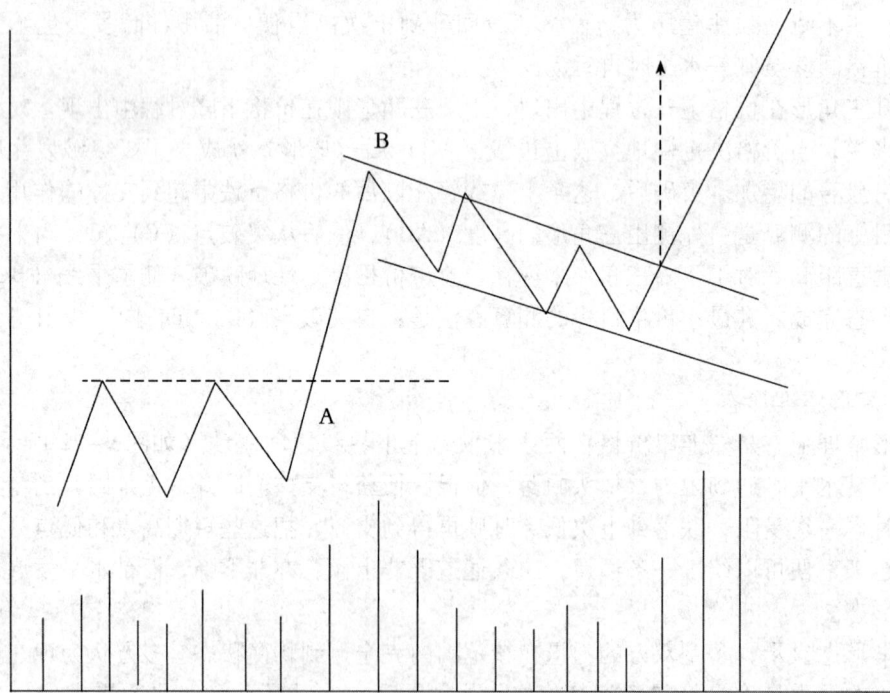

图9-23　上升旗形整理形态示意图

上升旗形的形成过程是，市场经过陡峭的飙升后，接着形成一个紧密、狭窄和稍微向下倾斜的价格密集区域，把该密集区域的高点和低点分别连接起来，就可以画出两条平行而又下倾的直线，这就是上升旗形。

下降旗形则刚好相反，当市场出现急速或垂直的下跌后，接着形成一个狭窄而又紧密并且稍微上倾的价格密集区域，像是一条上升的通道，这就是下降旗形。成交量在旗形形成过程中，是显著地渐次递减的。

以上升旗形为例，在急速的直线上升中，成交量逐渐增加，最后达到一个短期最高纪录，早先持有股票者，因获利而卖出，上升趋势遇到较大的阻力，价格开始小幅下跌，形成旗形。不过大部分投资者对后市依然充满信心，所以回落的速度不快，幅度也十分小，成交量不断减少，反映出市场的沽售力量在回落中不断地减轻。经过一段时间的整理，到了旗形末端市场突然上升，成交量亦大增，而且几乎形成一条直线。市场价格又像形成旗形时的移动速度一样急速上升。

上升旗形形成后，市场将向上突破；而下降旗形形成后，市场则向下跌破。向上和向下突破的最小幅度等于旗杆的长度。所谓旗杆指的是旗形之前市场的急剧上升或下跌轨迹。旗杆的长度则是指两个点之间的距离。以上升旗形为例，一个点是上升趋势的最高点（B），另外一个点就是成为旗形之前的急剧上升趋势或下跌趋势发出明确信号的位置，一般认为是重要的支撑位或压力位（A）。

9.5　移动平均线分析

9.5.1　移动平均线的含义和特点

移动平均线（MA）是以道·琼斯的"平均成本概念"为理论基础，采用统计学中"移动平均"的原理，将一段时期内的期货价格（通常是收盘价的平均值）连成曲线，用来显示市场的历史波动情况，进而反映市场未来发展趋势的技术分析方法，它是道氏理论的形象化表述。其计算公式如下：

MA（n）=（第 1 日收盘价+第 2 日收盘价+⋯+第 n 日收盘价）÷n

通常使用的移动平均线有 5 日移动平均线、10 日移动平均线、20 日移动平均线、30 日移动平均线、60 日移动平均线、120 日移动平均线、250 日移动平均线。以 10 日移动平均线为例，将第 1 日至第 10 日的 10 个收盘价的和除以 10，得到第一个 10 日平均价；将第 2 日至第 11 日的收盘价的和除以 10，得到第二个 10 日平均价；再将第 3 日至第 12 日的收盘价的和除以 10，则为第三个 10 日平均价。依此类推，这些平均价的连线即为 10 日移动平均线。

一般来说，现行价格在平均价之上，意味着多头力量占优；反之，现行价格在平均价之下，则意味着空头力量占优，图 9-24 中的连续曲线即为 10 日移动平均线。

移动平均线的基本思想是消除价格随机波动的影响，寻求价格波动的趋势。它有以下几个特点：

（1）追踪趋势。移动平均线能够表示价格的变化趋势，并追随这个趋势。如果能从价格的图表中找出上升或下降趋势线，那么，移动平均线将与该趋势保持一致，能消除价格在这个过程中出现的起伏。

（2）滞后性。在价格原有趋势发生反转时，由于追踪趋势的特性，移动平均线的行

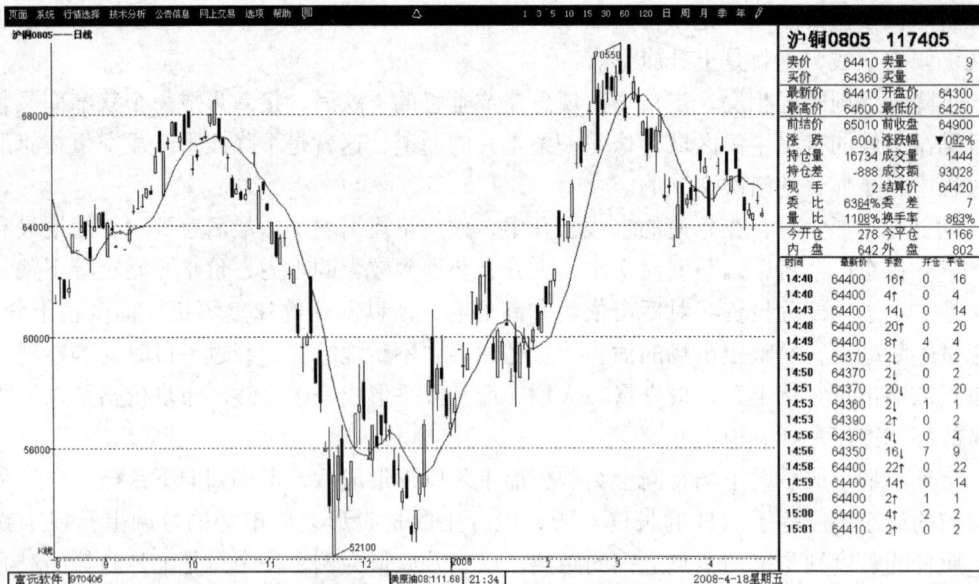

图 9-24　10 日移动平均线示例图

动往往过于迟缓，调头速度落后于大趋势。这是移动平均线的一个极大的弱点。等移动平均线发出趋势反转信号时，价格调头的深度已经很大了。

（3）稳定性。由移动平均线的计算就可知道，要比较大地改变它的数值，无论是向上还是向下，都比较困难，必须是当天的价格有很大的变动。因为 MA 的变动不是一天的变动，而是几天的变动，一天的大变动被几天一分摊，变动就会变小而显不出来。

（4）助涨助跌性。当价格突破了移动平均线时，无论是向上突破还是向下突破，价格有继续向突破方面再走一程的愿望，这就是移动平均线的助涨助跌性。

（5）支撑线和压力线的特性。由于移动平均线的上述四个特性，使得它在价格走势中起支撑线和压力线的作用。移动平均线被突破，实际上是支撑线和压力线被突破。

移动平均线的参数的作用就是调整移动平均线上述几方面的特性。参数选择得越大，上述的特性就越大。

9.5.2　单个移动平均线的应用

在移动平均线的应用上，最常见的是葛兰碧（Granville）的"移动平均线八大买卖法则"（简称葛氏法则）。此法则是以证券价格与移动平均线之间的偏离关系作为研判的依据。八大法则中有四条是买进法则，有四条是卖出法则。葛氏法则的内容是：

第一，移动平均线从下降趋势逐渐走平且略向上方倾斜，价格从移动平均线下方向上突破平均线，为买入信号，见图 9-25 中的标志 1。

第二，价格位于移动平均线之上，短期下跌但未向下穿越移动平均线，是买入信号，见图 9-25 中的标志 2。

第三，价格向下跌破移动平均线，但很快又回到移动平均线之上，移动平均线仍然保持上升趋势，为买入信号，见图 9-25 中的标志 3。

第四，价格暴跌，跌破移动平均线后远离移动平均线，为买入信号，见图 9-25 中的标志 4。

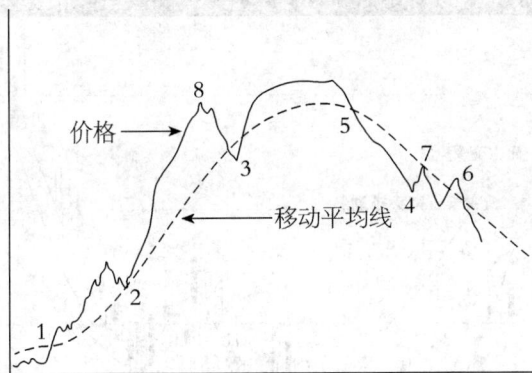

图 9-25　移动平均线八大买卖法则示意图

第五，移动平均线由上升趋势转为盘局，或下跌，而价格向下跌破移动平均线，为卖出信号，见图 9-25 中的标志 5。

第六，价格向上突破移动平均线但很快又回到移动平均线之下，移动平均线仍然维持下跌局面，为卖出信号，见图 9-25 中的标志 6。

第七，价格在移动平均线之下，短期向上但并未突破移动平均线且立即转为下跌，为卖出信号，见图 9-25 中的标志 7。

第八，价格暴涨向上突破移动平均线，且远离移动平均线，为卖出信号，见图 9-25 中的标志 8。

9.5.3　移动平均线的组合应用

根据短期、中期、长期移动平均线对价格变化敏感度的不同，我们可以将短期、中期和长期移动平均线组合在一起来判断市场趋势。在这里，我们分别用 MA（5）、MA（10）、MA（30）代表短期、中期、长期移动平均线，实际操作中，投资者可根据所研究的价格周期，设定不同参数值来代表短期、中期、长期移动平均线。

一般情况下，投资者可利用短期和长期两种移动平均线的交叉情况来决定买进和卖出的时机。当价格稳定在短期和长期移动平均线之上，短期移动平均线又向上突破长期移动平均线时，为买进信号，此种交叉被称为黄金交叉；反之，若价格位于长期和短期移动平均线之下，短期移动平均线又向下突破长期移动平均线，则是卖出信号，此种交叉被称为死亡交叉（如图 9-26 所示）。

上升行情进入稳定期，短期、中期、长期移动平均线自上而下依次排列，向右上方移动，被称为多头排列，预示着价格还要上涨；在下跌行情中，短期、中期、长期移动平均线自下而上依次排列，向右下方移动，被称为空头排列，预示着价格还要进一步下跌（如图 9-26 所示）。

在上升行情中期货价格位于移动平均线之上，呈现多头排列的移动平均线可视为多方的防线；当价格回到移动平均线附近时，各条移动平均线依次产生支撑力量，多头入场推动市场再度上升，这就是移动平均线的助涨作用；在下跌行情中，期货价格在移动平均线的下方，呈空头排列的移动平均线可视为空方的防线，当期货价格反弹到移动平均线附近时，便会遇到阻力，空头势力增强，促使市场进一步下跌，这就是移动平均线的助跌作用。

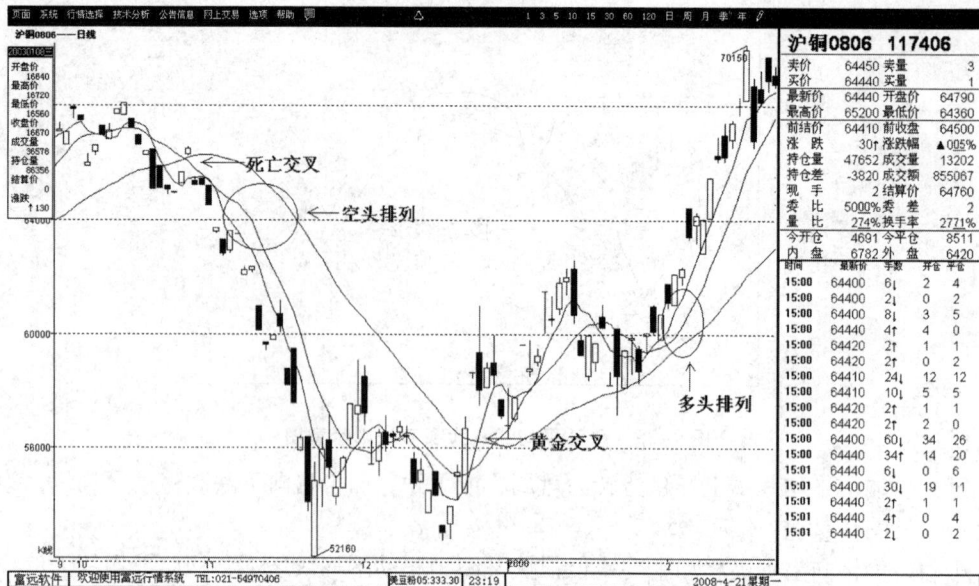

图 9-26　黄金交叉、死亡交叉示例图

9.6　指标分析

所谓指标分析，是指应用一定的数学公式，对原始数据进行处理，得出指标值，将指标值绘成图表，从定量的角度对期货价格进行预测的方法。这里的原始数据指开盘价、收盘价、最高价、最低价、成交手数等。

9.6.1　相对强弱指标（RSI）

相对强弱指标是通过采用某一时期（n 天）内收盘价的结果作为计算对象，来反映这一时期内多空力量的强弱对比。

1）RSI 的计算公式

先找出包括当日在内的连续 n+1 日的收盘价，用每日的收盘价减去上一日的收盘价，可得到 n 个数字，这 n 个数字有正有负。

A = n 个数字中正数之和

B = n 个数字中负数之和 × （-1）

RSI（n）=［A ÷（A+B）］×100

从公式可以看出，RSI 将 n 日内每日收盘价涨数（即当日收盘价高于上一日收盘价的部分）的总和作为买方总力量 A，而 n 日内每日收盘价跌数（即当日收盘价低于上一日收盘价的部分）的总和作为卖方总力量 B。RSI 实际上是表示期货价格向上波动的幅度占总波动幅度的百分比。如果占的比例大就是强市，否则就是弱市。

RSI 的参数是天数 n，其取值范围介于 0～100 之间。

举例如下：

若计算 RSI（5），找出包括当日及前 5 个交易日在内的连续收盘价，最后计算出 RSI（5）= 71.43，具体计算过程见表 9-1。

表 9-1　　　　　　　　　　　　　　　　　5 日相对强弱指标的计算过程

日期	收盘价	涨跌	A	B	RSI
n−5	6	−			
n−4	5	−1			
n−3	7	2	2+1+2 = 5	（−1−1）×（−1）= 2	（5÷7）×100 = 71.43
n−2	8	1			
n−1	7	−1			
n	9	2			

2）RSI 的应用法则

第一，根据 RSI 取值的大小判断市场走势。

RSI 大于 50 为强势市场，高于 80 表示市场进入超买区，容易形成短期回档；RSI 小于 50 为弱势市场，低于 20 表示市场进入超卖区，容易形成短期反弹。

RSI 原本处于 50 以下然后向上扭转突破 50 分界，代表市场已转强；RSI 原本处于 50 以上然后向下扭转跌破 50 分界，代表市场趋弱。

但经常也会出现 RSI 发出超买信号而市场并不下跌、发出超卖信号而市场并不上涨的指标钝化现象。

第二，两条 RSI 曲线联合使用。

一般将长期、短期两条 RSI 曲线联合使用，两条 RSI 曲线的联合使用法则与两条移动平均线的使用法则相同，即：若短期 RSI 大于长期 RSI 为多头市场，反之为空头市场；短期 RSI 在 20 以下超卖区内，由下往上交叉长期 RSI 时，为买进讯号；短期 RSI 在 80 以上超买区内，由上往下交叉长期 RSI 时，为卖出讯号。

第三，根据 RSI 曲线形态来判断市场走势。

形态分析在 RSI 中得到大量的运用，可依据超买区或超卖区出现的头肩顶（底）、双头（底）等反转形态作为买卖讯号。

第四，RSI 与期货价格的背离。

价格一波比一波低，相反 RSI 却一波比一波高时，为底背离，市场很容易反转上涨。价格一波比一波高，RSI 却一波比一波低时，为顶背离，市场很容易反转下跌。

第五，根据 RSI 上升或下降的趋势来判断。

连接 RSI 连续的两个底部，画出一条上升趋势线，当 RSI 向下跌破这条趋势线时，为较好的卖出讯号；连接 RSI 连续的两个峰顶，画出一条下降趋势线，当 RSI 向上突破这条趋势线时，为较好的买进讯号。

9.6.2 随机指标（KDJ）

随机指标，是指通过研究最高价、最低价、收盘价之间的关系来反映市场走势的强势弱势和超买超卖现象。因为市场上升而未转向之前，每日多数都会偏于高价位收市，而下跌时收市价常会偏于低位。

1）KDJ 的计算公式

在产生 KDJ 以前，先产生未成熟随机指标 RSV，其计算公式为：

RSV（n）= 100×［（C1−Ln）÷（Hn−Ln）］

式中：n 为选定的时间参数；C1 为当日收市价；Hn、Ln 分别为最近 n 日内（包括当日）出现的最高价、最低价。

对 RSV 进行 3 日指数平滑移动平均，得到 K 值：

今日 K 值 = 2/3×昨日 K 值 + 1/3×今日 RSV

对 K 值进行 3 日指数平滑移动平均，得到 D 值：

今日 D 值 = 2/3×昨日 D 值 + 1/3×今日 K 值

式中：1/3 是平滑因子，是可以人为选择的，不过目前已经约定俗成，固定为 1/3 了；初始的 K、D 值，可以用当日的 RSV 值或以 50 代替。

J 是 D 加上一个修正值，其计算公式为：

$J = 3D - 2K = D + 2(D-K)$

就反映期货价格变化的敏感性来说，J 指标最快，其次是 K 指标，最后是 D 指标。

2）KDJ 的应用法则

KDJ 指标是三条曲线，在应用时主要从五个方面来考虑：

第一，从 KD 的取值方面考虑。

KD 的取值范围是 0 ~ 100，可将其划分为几个区域：80 以上为超买区，20 以下为超卖区，其余为徘徊区。当 KD 超过 80 时，是卖出信号；当 KD 低于 20 时，是买入信号。

第二，从 KD 指标曲线的形态方面考虑。

当 KD 指标在较高或较低的位置形成头肩顶（底）形态或双重顶（底）形态时，是采取行动的信号。这些形态一定在较高的位置或较低的位置出现，位置越高或越低，结论越可靠。

对于 KD 曲线，也可以画趋势线，以明确 KD 的趋势。在 KD 的曲线图中可以引进支撑和压力的概念，某一条支撑线或压力线被突破，也是采取行动的讯号。

第三，从 KD 指标的交叉方面考虑。

K 线与 D 线的关系就如同价格和移动平均线的关系一样，也有死亡交叉和黄金交叉。这里，K 线作为反应敏捷的快速线，D 线作为慢速线。不过这里的交叉运用最好结合其他的一些条件才更为可靠。

条件一是黄金交叉的位置应该比较低，是在超买区域，越低越好。

条件二是与 D 线相交的次数。有时在低位，K 线、D 线要来回交叉好几次，交叉的次数以 2 次为最少，越多越好。

条件三是交叉点相对于 KD 线低点的位置，这就是常说的"右侧相交"原则。K 线是在 D 线已经抬头向上时才同 D 线相交，比 D 线还在下面时与之相交要可靠得多。

第四，从 KD 指标的背离方面考虑。

当 KD 处在高位或低位时，如果出现与价格走向的背离，则是采取行动的信号。若 KD 处在高位，并形成两个依次向下的峰，而此时价格还在上涨，这叫顶背离，是卖出的信号；与之相反，KD 处在低位，并形成后一底部比前一底部更高的局面，而期货价格还在继续下跌，称为底背离，是买入信号。

第五，结合 J 指标来进行分析。

J 指标反映价格的敏感度高于 KD 指标，因此，J 指标常领先 KD 指标显示曲线的头部和顶部。J 指标的取值超过 100 和低于 0，都属于价格的非正常区域，大于 100 为超买，小于 0 为超卖。

9.6.3　威廉指数（WMS）

威廉指数也是利用一段时期内，期货价格的收盘价、最高价、最低价的关系来量度市场的超买超卖现象，预测研究期内市场的高点或低点。

1）WMS 的计算公式

WMS 的计算公式为：

$$WMS（n）= \left[（Hn-C1）\div（Hn-Ln）\right] \times 100$$

式中：n、C1、Hn、Ln 的含义同 RSV 计算公式中的含义。

2）WMS 的运用法则

WMS 指标的含义是当天的收盘价在过去一段时期的全部价格范围内所处的相对位置。如果 WMS 值比较小，则当天的价格处在相对较高的位置，要提防回落；如果 WMS 的值较大，则说明当天的价格处在相对较低的位置，要注意反弹。

威廉指数计算公式与相对强弱指标、随机指标的计算公式一样，计算出的指数值在 0 ～100 之间波动，不同的是，威廉指数的值越小，市场的买气越重，一般当 WMS 低于 20 时，市场处于超买状态；反之，其值越大，市场卖气越浓，一般当 WMS 高于 80 时，市场处于超卖状态。应用威廉指数时，可从以下两方面来考虑：

第一，从 WMS 的曲线形态来考虑。

当市场呈多头行情时，WMS 徘徊于低数值区域（此时为超买），如果 WMS 上升并突破 50，则是卖出信号；当市场呈空头行情时，WMS 徘徊于高数值区域（此时为超卖），如果 WMS 下降并跌破 50，则是买入信号。

第二，结合 RSI 指标来确认。

使用威廉指数对行情进行判断时，最好能够结合使用 RSI 来验证。同时，当 WMS 突破或跌穿 50 中轴线时，也可用来确认相对强弱指标讯号是否正确。因此，使用者如能正确应用威廉指数，发挥其与相对强弱指标在研制强弱市及超买超卖现象的互补功能，可得出对市场走向较明确的判断。

9.6.4　乖离率指标（BIAS）

乖离率指标是移动平均原理派生的一项技术指标，其功能主要是测算价格在波动过程中与移动平均线出现偏离的程度。其基本原理是：如果价格偏离移动平均线太远，不管价格在移动平均线之上还是之下，都有向移动平均线回归的要求。

1）BIAS 的计算公式

BIAS 的计算公式为：

$$BIAS（n）= \left[C1-MA（n）\right] \div MA（n）\times 100\%$$

式中：n 为时间参数；C1 为当日收盘价；MA（n）为 n 日的移动平均数。

2）BIAS 的运用法则

乖离率分正乖离率和负乖离率。当价格在移动平均线之上时，其乖离率为正，反之则为负；当价格与移动平均数一致时，乖离率为 0。随着价格走势的升跌，乖离率周而复始地穿梭于 0 点的上方和下方。

一般而言，正乖离率涨至某一百分比时，表示短期多头获利回吐可能性大，呈卖出讯号；负乖离率降到某一百分比时，表示空头回补的可能性大，呈买入讯号。

对于乖离率达到何种程度为正确的买入点或卖出点，目前并没有统一的原则，使用者可凭经验值（见表9-2）来综合判断。

表9-2　　　　　　　　　　　　　　　乖离率的经验值

n 日	买入讯号（%）	卖出讯号（%）
5 日	-3	3.5
10 日	-4	5
20 日	-7	8
60 日	-10	10

9.7　成交量和持仓量分析

到目前为止，我们在阐述期货投资技术分析时，主要是围绕着价格进行的。其实，在实际的期货投资中，技术分析者一般会将价格、成交量和持仓量结合起来进行分析，以便增加预测的可靠性。

但我们也应注意，在期货投资技术分析中，价格是最重要的因素，成交量和持仓量是次要的，一般作为验证性指标使用。

9.7.1　成交量与价格配合分析

成交量是指在所研究的基本时间单位内成交的期货合约数量。根据不同的基本时间单位，我们可以研究1分钟的成交量、1小时的成交量、1天的成交量、1周的成交量等。

通过配合价格变化的成交量水平，技术分析者能够较准确地判断市场运动背后的买入或卖出强度，从而可以通过成交量来验证价格变化的可靠性。

在上升趋势中，当价格上升时，成交量增加，而在价格下跌时，成交量减少，我们就可以判断价格上升趋势仍将持续。如果在上升趋势中，前一个峰被向上突破，与此同时的成交量反而有所下降，就发生了所谓的背离现象，说明市场买入动力在减弱；同时，成交量在期货价格下跌时却有所增加，这些都意味着上升趋势将要发生逆转。

在下跌趋势中，当价格下跌时，成交量增加，而在价格上升时，成交量减少，我们就可以判断下跌趋势还没有扭转，市场还将进一步下跌。

另外，成交量也可作为各种价格形态是否成立的重要验证指标。例如，头肩顶形态成立的条件之一是，在头部形成过程中，当价格冲到新高点时，成交量减少，而在随后跌回颈线时，成交量放大；在双重顶中，价格上升到后继的峰时，成交量萎缩，而在随后的回落时，成交量放大。在持续整理形态中，如三角形形态，与之伴随的是成交量的逐渐下降。一般地，所有价格形态在完结（突破点）时，只要这个突破信号是成立的，那么它就应当伴随着较大的成交量。

9.7.2　持仓量和价格配合分析

我们前面曾提到，持仓量指未平仓了结的期货合约总手数，国内一般是双向统计的，即持仓量是多头持仓手数和空头持仓手数的总和。

每当一笔期货交易发生后，持仓量有三种变化的可能性：增加、减少、不变。下面我们来看看这些变化是如何产生的（见表9-3）。

　　表9-3 中，在第一种情况下，买方和卖方均建立了新头寸，于是产生了新的未平仓合约。在第二种情况下，买方建立新头寸，产生了新的合约，而买方的对手，即卖方却是平仓卖出原有的多头头寸，减少了合约，因此一增一减，合约总数没有变化。第三种情况和第二种情况差不多，买方减少了合约，卖方增加了合约，合约总数没有变化。第四种情况下，买方平仓买入原有的空头头寸，减少了合约，卖方平仓卖出原有的多头头寸，也减少了合约，因此，合约总数减少。

表 9-3　　　　　　　　　　　　**每笔期货交易发生后的持仓量变化情况**

买　方	卖　方	持仓量的变化
建立新多头头寸	建立新空头头寸	增加
建立新多头头寸	平仓原有的多头头寸	不变
平仓原有的空头头寸	建立新空头头寸	不变
平仓原有的空头头寸	平仓原有的多头头寸	减少

　　综上所述，如果买卖双方均建立新头寸，持仓量增加；如果买卖双方均平仓原有头寸，持仓量减少；如果一方建立新头寸，一方平仓原有头寸，持仓量不变。因此，期货投资技术分析者可以考察持仓量的净变化（仓差），从而确定资金是投入市场，还是从市场撤出。根据这个信息，我们就可以对当前市场趋势的坚挺和疲软程度作出一些预测。预测主要有以下一些规则：

　　第一，在上升趋势中，持仓量增加是看涨信号；

　　第二，在上升趋势中，持仓量减少是看跌信号；

　　第三，在下跌趋势中，持仓量增加是看跌信号；

　　第四，在下跌趋势中，持仓量减少是看涨信号。

　　除了上述四点以外，持仓量还在其他的一些市场情形中有较强的预测作用。

　　第一种情形，当一轮主要的市场趋势接近尾声时，持仓量已经随着价格趋势的整个过程增加到一定高度，那么，一旦持仓量不在增加乃至开始减少，这经常就是趋势即将发生转变的先前讯号。

　　第二种情形，如果在市场顶部，持仓量处在高水平，而价格下跌又突如其来，那么这是一个看跌讯号。这种情形意味着，在上升趋势接近尾声时建立多头头寸的所有多头交易者均处于损失之中，由于他们被迫卖出平仓，市场遭到较大卖压，这种情况会一直持续到持仓量减少到足够大的幅度之后。

　　第三种情形，如果在市场横向整理期间，持仓量逐渐累积增加，那么一旦发生向上或向下的价格突破，随后而来的价格运动将会加剧。市场处于盘整阶段时，没有人能确切知道市场的突破方向，但是持仓量的增加表明投资者已预期突破即将来临，并相应建立了头寸。一旦突破发生，有一半的投资者将陷入市场对自己不利的一边。例如，如果市场突破上升，那些建立错误的空头头寸的投资者通常会选择平仓了结其亏损头寸，而那些判断正确，在整理期间建立了多头头寸的投资者通常会选择加大多头头寸，这些都会使市场进一步上涨。由此也可以看到，在一个交易区间，持仓量增加得越多，那么在突破发生后，价格运动的潜力就越大。

第四种情形，在价格形态完成时，持仓量的增加可视为新趋势信号可靠程度的旁证。举例来说，在头肩底形态中，当颈线被向上突破时，如果在成交量增长的同时，持仓量也相应增加，那么该底部形态就更加可靠。不过，我们也应该注意到，有的情况下，在新趋势刚形成时，持仓量可能稍有减少，因为在新趋势产生的初始讯号出现之后，随之而来的跟风性市场动力往往来自于站在市场错误一边投资者的斩仓行为，从而使持仓量减少。从这种现象也可以看出，我们不应该对持仓量在极短时期内的变化过于拘泥。

9.7.3　综合运用成交量和持仓量进行分析

一般情况下，如果成交量和持仓量均上升，那么当前的趋势很可能按照现有趋势继续发展（无论上涨还是下跌）；如果成交量和持仓量都下降，那么我们可以把这种变化视为当前趋势或许即将终结的警讯。具体的规则见表9-4。

表9-4　　　　　　　　　　成交量和持仓量变化对市场的综合影响

价　格	成交量	持仓量	市　场
上涨	增加	上升	继续上涨
上涨	减少	下降	可能转向
下跌	增加	上升	继续下跌
下跌	减少	下降	可能转向

案例分析 9-1

图9-27为纽约商品交易所原油期货走势图。

图9-27　纽约商品交易所原油期货走势图

问题：运用所学技术分析知识，判断原油期货后期走势。

分析提示：从移动平均线、成交量、KDJ 指标入手。

知识掌握

9.1　什么是技术分析？它的假设前提是什么？

9.2　技术分析的种类有哪些？

9.3　什么是趋势？趋势有几类？

9.4　什么是支撑线？什么是压力线？两者如何相互转化？

9.5　反转突破形态包括哪些？持续整理形态包括哪些？

9.6　移动平均线八大买卖法则是什么？

9.7　什么是指标分析？常用的技术分析指标有哪些？

9.8　在技术分析中，如何通过成交量来验证价格变化的可靠性？

知识应用

□ 案例分析

图 9-28 为上海期货交易所铝期货 0807 合约的走势图。

图 9-28　上海期货交易所铝期货 0807 合约走势图

问题：运用所学技术分析知识，判断沪铝 0807 合约的未来走势。

分析提示：从移动平均线、成交量、KDJ 指标入手。

□ 实践训练

运用所学的技术分析知识，判断各期货品种未来的走势。

要求：

①下载某一期货行情软件并安装。

②运用所学的期货技术分析知识，对上海期货交易所、郑州商品交易所、大连商品交易所的所有交易品种逐一进行分析。

③大致判断这些交易品种未来的短期、中期、长期走势。

④考察在运用 K 线分析、形态分析、指标分析、移动平均线分析、成交量和持仓量预测期货未来价格走势时，结论是否一致。

主要参考文献

［1］墨菲 J. 期货市场技术分析［M］. 丁圣元，译. 北京：地震出版社，2005.

［2］罗孝玲. 期货与期权［M］. 北京：高等教育出版社，2006.

［3］中国证券业协会. 证券投资分析［M］. 北京：中国财政经济出版社，2013.

［4］中国期货业协会. 期货市场教程［M］. 北京：中国财政经济出版社，2013.

［5］中国期货业协会. 期货法律法规汇编［M］. 北京：中国财政经济出版社，2014.

［6］上海期货交易所. 黄金期货宣传资料，2011.

［7］上海期货交易所. 铜期货交易手册，2013.

［8］郑州商品交易所. 白糖期货交易手册，2012.

［9］大连商品交易所. 玉米期货交易手册，2013.

［10］大连商品交易所. 黄大豆期货交易手册，2012.